我常想，即便在他最鼎沸热闹的时刻，他的心间塞得满满的也并非俗尘杂务，而是山林啸聚，清涧长流。也许，他只是徒有一副空空的躯壳坐在人群中，似得道高僧留了一个假身形在尘世间，真身早已入定，禅心似海。

诗是无形画，画是有形诗。仅《湖心亭看雪》这篇脍炙人口的亦诗亦画的作品，从我看到它的那一天起，就成了我一生难以企及的梦境——大雪三日，张岱前往湖心亭，独为看雪，这是何等风雅的趣味，这是何等清静的冬季况味，这是何等丰饶的精神境界？

这是我亲近张岱最初的理由。在《陶庵梦忆》里，随处可撷的是前朝旧梦，故国虽去，仍是他徐徐回望时永远的情感归宿。

所以说，《陶庵梦忆》不仅仅是一帙小品文，它更像是一幅画，一幅清新淡雅的中国画。这幅画的技巧，或曰水墨，或曰白描：有天台牡丹，有金山夜戏，有梅花书屋，有秦淮河房，有扬州瘦马，有二十四桥风月，有茶有蟹，有灯有雪，有打水时偷懒的童子，有陪他左右烟视媚行的朱楚生……这些意象，这些物事，这些素人，在张岱的笔下纸短意长，就这么简简单单的素白，却注定成为经典，这正是张岱的高蹈之处。

“湖上影子，惟长堤一痕，湖心亭一点，与余舟一芥，舟中人两三粒而已。”写到这里，张岱转换视角，他偷偷地开启了上帝视角：“余舟一芥，舟中人两三粒”，若不是俯瞰众生，如何能看到苍茫雪景中，自己与书童或船夫如米粒般的存在？这是一次视角的转换，更是一次灵魂的迁移。此刻，天地苍茫一片，正如《红楼梦》里《飞鸟各投林》曲目中写道："落了片白茫茫大地真干净！"张岱此文写于晚年隐居后，是他对早年生活的回忆。也许，崇祯五年时，他尚且未曾感受如此深刻，只知道看雪是何等赏心乐事，却在晚年悟出其中苍凉凄清的况味来。于是在写作中，才有了这般悲悯的视角。

喝一壶烧酒，不着一言，而能尽得人生真味。我仿佛看见他端坐在几前，听见他把酒注入盏中的畅快，那清凌凌的酒声，恰如他凛冽的生平。文中没有说他们对饮都谈了些什么，仿佛泊在世外，这几个纯净的躯体没有包裹任何心机，也许，这不语之境，正是此文最有魅力的部分。

张岱不同于当时的大多数士人，需要通过入仕一途来找到自己的精神出口，来救赎自己动荡不安的心灵。张岱不同。他所做的一切，看雪也罢，饮酒也罢，都是通过出世来解脱世俗带来的精神困局，来完成对生命的自我救赎。在轻薄的人世间，拥有一颗素简的灵魂，他的胸次涤荡着的不再是小我的情怀，而是化作了对时空的诘问，外似旷达，内蕴悲悯，坐在湖心亭上，他最先接收到了那穿透尘世的光。

勘破三春，参透人生，我自何处来？我往何处去？这不解的一世浮华与苍凉，交织在张岱的身上，成就了独一无二的张岱。

张岱那年看的雪，永远地泊在了湖心亭，泊在了中国文人的梦境里，纵红日映照数百年，亦不曾化去。在时光的步履里，张岱是最后一位旅行者，他一身禅意，无喜无忧，微醺地站在我此生都未能抵达的湖心亭上，再次目送自己离开。

当我诚愧诚恐地接下翻译《陶庵梦忆》这个任务时，此书对我而言，仿佛是一个久远的知己，模糊而亲切。为使文气保持流畅，适当采取意译，在翻译过程中，笔者虽字斟句酌，但由于才疏识浅，瑕疵和错漏在所难免！译文失当之处，请广大读者予以指正，不吝赐教。

# 目　录



## 译文/原文

我常想，即便在他最鼎沸热闹的时刻，他的心间塞得满满的也并非俗尘杂务，而是山林啸聚，清涧长流。也许，他只是徒有一副空空的躯壳坐在人群中，似得道高僧留了一个假身形在尘世间，真身早已入定，禅心似海。

诗是无形画，画是有形诗。仅《湖心亭看雪》这篇脍炙人口的亦诗亦画的作品，从我看到它的那一天起，就成了我一生难以企及的梦境——大雪三日，张岱前往湖心亭，独为看雪，这是何等风雅的趣味，这是何等清静的冬季况味，这是何等丰饶的精神境界？

这是我亲近张岱最初的理由。在《陶庵梦忆》里，随处可撷的是前朝旧梦，故国虽去，仍是他徐徐回望时永远的情感归宿。

所以说，《陶庵梦忆》不仅仅是一帙小品文，它更像是一幅画，一幅清新淡雅的中国画。这幅画的技巧，或曰水墨，或曰白描：有天台牡丹，有金山夜戏，有梅花书屋，有秦淮河房，有扬州瘦马，有二十四桥风月，有茶有蟹，有灯有雪，有打水时偷懒的童子，有陪他左右烟视媚行的朱楚生……这些意象，这些物事，这些素人，在张岱的笔下纸短意长，就这么简简单单的素白，却注定成为经典，这正是张岱的高蹈之处。

“湖上影子，惟长堤一痕，湖心亭一点，与余舟一芥，舟中人两三粒而已。”写到这里，张岱转换视角，他偷偷地开启了上帝视角：“余舟一芥，舟中人两三粒”，若不是俯瞰众生，如何能看到苍茫雪景中，自己与书童或船夫如米粒般

的存在？这是一次视角的转换，更是一次灵魂的迁移。此刻，天地苍茫一片，正如《红楼梦》里《飞鸟各投林》曲目中写道："落了片白茫茫大地真干净！"张岱此文写于晚年隐居后，是他对早年生活的回忆。也许，崇祯五年时，他尚且未曾感受如此深刻，只知道看雪是何等赏心乐事，却在晚年悟出其中苍凉凄清的况味来。于是在写作中，才有了这般悲悯的视角。

喝一壶烧酒，不着一言，而能尽得人生真味。我仿佛看见他端坐在几前，听见他把酒注入盏中的畅快，那清凌凌的酒声，恰如他凛冽的生平。文中没有说他们对饮都谈了些什么，仿佛泊在世外，这几个纯净的躯体没有包裹任何心机，也许，这不语之境，正是此文最有魅力的部分。

张岱不同于当时的大多数士人，需要通过入仕一途来找到自己的精神出口，来救赎自己动荡不安的心灵。张岱不同。他所做的一切，看雪也罢，饮酒也罢，都是通过出世来解脱世俗带来的精神困局，来完成对生命的自我救赎。在轻薄的人世间，拥有一颗素简的灵魂，他的胸次涤荡着的不再是小我的情怀，而是化作了对时空的诘问，外似旷达，内蕴悲悯，坐在湖心亭上，他最先接收到了那穿透尘世的光。

勘破三春，参透人生，我自何处来？我往何处去？这不解的一世浮华与苍凉，交织在张岱的身上，成就了独一无二的张岱。

张岱那年看的雪，永远地泊在了湖心亭，泊在了中国文人的梦境里，纵红日映照数百年，亦不曾化去。在时光的步

履里，张岱是最后一位旅行者，他一身禅意，无喜无忧，微醺地站在我此生都未能抵达的湖心亭上，再次目送自己离开。

当我诚愧诚恐地接下翻译《陶庵梦忆》这个任务时，此书对我而言，仿佛是一个久远的知己，模糊而亲切。为使文气保持流畅，适当采取意译，在翻译过程中，笔者虽字斟句酌，但由于才疏识浅，瑕疵和错漏在所难免！译文失当之处，请广大读者予以指正，不吝赐教。

# 目　录



## 译文/原文

子弟，极爱繁华，好精舍、好鲜衣、好美食、好骏马、好华灯、好烟火、好梨园、好鼓吹、好古董、好花鸟……繁华褪去，曲终人散，城郭如故，人民已非，张岱失去了他曾经拥有的一切繁华盛景，晚年入山林隐居。

观其一生，跌宕起伏，然无论世事如何变幻，即便在他最春风得意的时光，他也是一个“痴人”。他的痴在于，纵使一生放浪不羁爱自由，却著作宏丰，是一个彻头彻尾的风雅文人。

如果我生在明末清初，我肯定能一眼认出老年的他：洗尽铅华，素淡脱尘。这帙小品文，文眼全在一“痴”字。张岱在自序中说：“一梦耳，惟恐其非梦，又惟恐其是梦，其为痴人则一也。”又《湖心亭看雪》文末舟子说：“莫说相公痴，更有痴似相公者！”我想起《红楼梦》中的贾宝玉，他和张岱早年如出一辙，同是纨绔子弟，癖好不入正人君子之眼，同为“痴人”，张岱之痴，是贾宝玉之痴，也是曹雪芹之痴。

正是这痴人，才能营造出这如梦幻般的景象。如果说《陶庵梦忆》中种种描述是可见的具象，而张岱胸中的禅意则是可意会而不可言传的感悟。禅在哪里？流水落花，日月星辰，尘埃蝼蚁，雪落无声，禅在一切的事物里，禅也在虚无缥缈中。这白茫茫一片，有生于无，实归于虚。也许，张岱的前生，就是一个敲着木鱼的高僧吧？独立湖心，俯仰天地，此生何寄？只有在这里，张岱才能找到更真实的自己，他的虚妄感能得到最笃定的慰藉。

# 前　言

崇祯五年（1632），多事之秋。

六月大雨，初六日，黄河于孟津决口。九月十四日，李自成攻陷修武县。九月，顺天二十七县霪雨害稼。

《明史》记载："十二月癸酉，命顺天府祈雪。"

现在已无从考证，张岱那年看的雪，是否就是顺天府祈来的那场雪。唯一可以认定的是，大雪下了三日后，张岱他牵了一只小船去湖心亭看雪，他的船上有船夫，也许还有个书童，他们在湖心亭遇见两个金陵人，坐下对饮，张岱喝了三大杯，就此别过。

相对于崇祯五年发生的那些诸如黄河决口、霪雨成灾、农民起义等大事件来说，看一场雪、遇两个人，喝三杯酒，是多么淡而无味的故事。对张岱来说，也许就是他诸多小品文中一个平常的片段，是张岱早年诸多浪漫日子中最寻常的一天，但是对于中国传统文人来说，这就是一个象征，一个寓意，是清静恬淡的生活方式，是隐逸出世的精神境界。

湖心亭看雪，寥寥百余字，却似读了整个的《红楼梦》——都云作者痴，谁解其中味？张岱曾经就是那个鲜衣怒马的浊世翩翩美少年。他出身于累代仁宦之家，少为纨绔

# 陶庵梦忆

〔明〕张岱 著

李颖 注译

岳麓書社·长沙

# 自　序

陶庵我国破家亡，没有地方可去了，披头散发地进了山，面目可怖像个野人。老朋友见了，如同见到毒药猛兽一般，惊惶得几乎窒息，不敢与我接近。我写了自挽诗，屡次想要自杀，但因《石匮书》尚未写完，尚且苟活在人间。然而米瓮常常是空的，没法生火做饭，我这才明白，首阳山的伯夷、叔齐二老径直饿死也不吃周朝的粮食，不过是后人夸张、粉饰的说法罢了。

忍饥挨饿之余，我喜欢舞文弄墨。于是想到以前生长于如同王、谢那般高贵的人家，很是享受过豪华的生活，所以如今遭到这样的报应：头戴草帽，脚穿草鞋，这是从前穿戴华美冠履的报应；缀满补丁的衣服代替皮裘，粗麻布取代细葛布，这是从前穿着轻暖衣服的报应；豆叶代替了肉食，粗粮代替了精米，这是以前吃得太过肥腻甜美的报应；草垫当床，石块作枕，这是从前居于温柔乡的报应；草绳作门轴，破瓮当窗户，这是从前住得干燥明亮的报应；灶烟熏目，粪臭扑鼻，这是从前享受芳香艳丽的报应；靠双脚走路，肩上背负行囊，这是从前出门轿马仆役相随的报应。以前的种种罪过，都可以从今天的各种果报中看到。

枕边听见鸡鸣，静思所得的良知善念便回来了。回望我的经历，繁华靡丽如过眼云烟，五十年来不过是一场梦幻。如今黄粱梦断，黍米已熟，南柯梦里的车马刚从蚁穴回来，这样的日子该如何打发？

我只能追想往事，把记得的事情写下来，拿到佛前一桩桩地忏悔。我所写的事，不按年月先后顺序，这点与年谱不一样；也不分门别类排列，跟《志林》也有区别。偶尔拿出一则来看看，好像是在游览以前到过的地方，遇见了以前的朋友。虽说城郭依旧，人民已非，但我反而因此暗自高兴。这真是所谓的不能对痴人说梦了。

以前西陵有一个脚夫替人挑酒，不慎跌倒把酒坛打破了，念及自己赔不起，就呆坐地上，想着：“这能是场梦便好！”又有一个贫穷的书生考取了举人，正在参加地方官举办的庆祝宴会，恍恍忽忽还觉得这不是真的，便咬着自己的手臂说：“这不是做梦吧？”同样是梦，一个唯恐其不是梦，一个又唯恐其是梦，他们都是痴人啊。

我现在大梦将要醒了，但还在弄些雕虫小技，这便又是一番梦话罢了。由此叹息有天赋的文人，其喜好声名之心真是难改，正如卢生在邯郸梦里享尽一生繁华，就在梦断临终前，他上遗表给皇上，还想要摹写二王的书法，以求流传后世。那喜好声名的根性，坚固得就如同佛家的舍利子一样，虽劫火猛烈，还是烧之不去啊。

# 卷一

# 钟　山

钟山上云雾缭绕，缓慢飘浮着，红紫色相间，人们说这是帝王之气，有龙蜕下的皮埋藏在那里。明太祖和诚意伯刘伯温、中山王徐达、东瓯王汤和一起勘测帝陵选址，他们各自写好选定的位置，藏在衣袖中。结果三个人选的地方一样，于是帝陵便定了下来。陵门左边有孙权墓，大臣们请旨将它迁走。太祖说："孙权也是条好汉，留他在那里守门吧。"

等到开掘建陵的时候，才发现下面有梁朝志公和尚的灵塔。他的真身一点也没有腐烂，长长的指甲缠绕着身体好几圈。军士们想要把他拉走，却怎么也抬不起来。太祖亲自祭拜，许诺给他金棺银椁，庄田三百六十所，并供奉香火，抬到灵谷寺修塔安葬了他。如今寺里的僧人已经有数千人之多，一天能吃掉一所庄田的粮食。陵寝修完后，关闭了陵寝的外道，不让别人知道。能看见的只有三道门、一个飨殿、一个寝殿和后面苍苍莽莽的山而已。

崇祯十五年（1642）七月，朱兆宣任太常寺卿，中元节他主持祭祀典礼的时候，我在一旁观看大典。飨殿深邃肃穆，暖阁离飨殿三尺，用黄龙帐幔遮盖起来。并排摆放着两把交椅，用黄色的锦铺着，锦的正面用孔雀翎织着龙的图案，很是华贵庄重。地上铺着毛毡，走在上面必须脱掉鞋子放轻脚步。稍微咳嗽一声，内侍就会斥责说："不要惊扰了圣驾！"

靠近暖阁旁有一座位，碽妃在稍微前面一点的位置，她是成祖皇帝的生母。成祖出生后，孝慈皇后抱养了他，这件事很隐秘。再往下，东西两边排列着四十六个席位，有的有座位，有的仅仅是站着的席位。祭品非常简陋，朱红色的木簋、木质的壶、木质的酒樽，很是粗糙简朴。木簋里只有三片肉、一铗面粉、几粒黍米，还有一小碗冬瓜汤，仅此而已。暖阁上有一个茶几，上面陈列着一个小铜炉、两个小箸瓶、两个木酒杯。暖阁下有一个大的茶几，陈列着一副太牢（牛、羊、豕）和一副少牢（羊、豕），仅此而已。其他的祭祀或许和这些不同，但我见到的就是这个样子。

祭祀的前一日，太常寺的官员们打开关着为祭祀而宰杀的牲畜的中门，用鼓乐和旗帜在前边引路，牛和羊在后面跟着，都用绣着龙的被袱盖着。到屠宰的地方，用四条绳索绑住牛的蹄子。太常寺的官员们到了之后，站在牛的正面，官员们朝牲畜作揖，还没有完全起身，牛头就已经入锅开始煮了。煮好后，牛头被抬到飨殿。第二天五更，魏国公到了，主持祭祀仪式，太常寺的官员们并不跟着，只是在飨殿上侍立着。祭祀仪式完毕，牛羊已经腐烂，臭不可闻。其余祭祀的日子每天供奉两次膳食，也都是魏国公陪着祭祀，他每天都会到场。

戊寅年（1638），我客居在鹫峰寺。有人说孝陵上有一股黑气，直冲斗、牛星宿之间，持续了一百多天。我夜晚起来去看，果然看到了。从那以后，流民盗贼猖獗，军情警报处处告急。壬午年（1642），朱成国和王应华奉皇帝诏书修葺孝陵，他们把三百年的枯木都挖出来当柴薪，为挖出树根，还往下挖了好几丈深的洞。有见识的人说这是伤了地脉，泄了帝王之气。如今，果然因甲申之变亡国了，真是把王应华千刀万剐也抵消不了他的罪过啊。孝陵的玉石经风历雨已经二百八十二年了，今年清明，竟然没有一碗饭食以供祭祀，想到这里，我不禁伤恸得像猿猴一样凄厉悲啼。

## 报恩塔

中国的大古董，明朝永乐年间最大的窑器，说的就是报恩塔了。报恩塔建成于永乐初年。如果没有明成祖开国之初的精神、物资财力、法律政令，或者他的胆识才略不足以担当起这个塔，那这塔是建不成的。塔身上下金刚佛像有千百亿个，皆为金身。每一个金身，都是十多块琉璃砖拼接连缀而成，其衣服褶皱、容貌面目、头发眉毛都不差毫厘，连接和拼合的榫头也严丝合缝，真是鬼斧神工。听说塔上的琉璃砖烧好的时候，同时烧制了三副，其中一副建成塔，另两副埋了起来，并编号来标识它们。如今塔上若有一块砖损坏了，把编号报给工部，工部就挖出一块砖来补上，跟原来的一模一样。夜晚必燃灯，每年耗费香油若干斛。

天气晴朗太阳高照的时候，云雾弥漫，光影摇曳，有奇异的光彩出现在塔的上方，像香烟一样缭绕，大半天才会消散。永乐年间，有一百多个国家的人来到这里，皆语言不通需辗转翻译。他们见了报恩塔，个个顶礼膜拜大加赞叹再离开，都说这样的塔是四大洲绝无仅有的。

## 天台牡丹

天台有很多牡丹，径围大得要两手合抱是很寻常的。有个村子里有鹅黄牡丹，每株有三根枝干，每枝都像小斗一般大小，种植在五圣祠前面。枝繁叶茂，错落着伸到屋檐、墙壁上边，三间房前都给开满了。开花的时候有几十朵，颜色如雏鹅、如黄鹂、如松花、如蒸栗，花萼层层叠叠，竞相吐蕊，开得花团锦簇，淋漓繁复。花开时节，当地人在这些牡丹边上搭了棚子，唱上四五台戏，婆娑起舞以娱花神。有人侵害了牡丹致花瓣飘落散开，立马招致了奇怪的灾祸。当地人以此告诫别人不要伤害牡丹，所以这些花得以繁盛而长久地绽放。

## 金乳生草花

金乳生喜欢种植花草。他的住宅前面有块空地，被一条小河与外界隔开了。乳生临着小河搭了三间小屋，顺着小屋向北边拓展成花圃，花圃不是方形的，而是狭长的，他在花圃的东面扎上竹篱笆。北边靠街筑了土墙，墙内砌了花栏来保护花圃。再往前，又用石头砌了花栏一丈有余，稍显狭窄。花栏前用螺山之石垒砌了迂回曲折的假山，颇有画意。

花草树木有一百多种，错杂地种植着，浓淡相宜，疏密有度，都很有意趣风致。春天以罂粟、虞美人为主，佐之以山兰、素馨、决明。到了春末，则以芍药为主，用西番莲、土萱、紫兰、山矾来点缀。夏天以洛阳花、建兰为主，缀以蜀葵、乌斯菊、望江南、茉莉、杜若、珍珠兰等。秋天以菊花为主，配上剪秋纱、秋葵、僧鞋菊、万寿芙蓉、老少年、秋海棠、雁来红、矮鸡冠等。冬天则以水仙为主，再装点上金盏花。还有些木本植物如紫白丁香、绿萼梅花、石莲花、蜡梅、西府海棠、滇山茶花、山茶花、白梨花等，就种在墙头屋角，用来遮挡烈日。

乳生体弱多病，起得很早，也不洗手也不梳头，就匍匐在石阶下，抓菊虎，除地蚕，花根叶底，即使有千百株，他也每天必定通通清理一遍。侵害花木顶部的是火蚁，让枝干瘦弱的是黑蚰，伤害根部的是蚯蚓和鼻涕虫，吃叶子的则是象干虫、毛猬。火蚁，可以用晒干的鱼骨头、鳖壳放在一旁把它们引出来扔掉。黑蚰，用麻布裹着筷子头将其轻轻捋走。鼻涕虫，等夜静时分拿灯照着捕捉杀死。蚯蚓，往河水里灌石灰水可以除去。毛猬，则用马粪水杀灭。象干虫，把铁磨成线状去捅它的巢穴。每件事他都亲力亲为，即使冻裂了手，额头晒掉皮，他也不管不顾。花神喜欢他的勤劳，最近让他的花圃长出了三棵灵芝，降祥瑞给他。

# 日月湖

宁波府城里面，靠近城南门处有个日月湖。日湖是圆形的，略小，故称之为“日湖”；月湖是长形的，面积稍大，所以叫“月湖”。两个湖像环一样连缀在一起，中间隔着一道湖堤，小桥就是它们的纽带了。

日湖边上有贺知章的祠堂。贺知章塑像身穿朝服，拖着绶带，全然没有道士的模样。祠堂中刻着唐玄宗为他写的《饯行》诗以示荣耀。贺知章请求回鉴湖老家养老时，已经八十多岁了。他在《回乡》诗中说：“幼小离家老大回，乡音无改鬓毛衰。儿孙相见不相识，笑问客从何处来。”八十岁才告老回家，已经不算早了，但当时人却称他是急流勇退，今古相传。贺知章曾经拜访一个卖药的王姓老者，求飞升成仙的法术，并拿了一颗珍珠送给老者。老者看见卖炊饼的人路过，就拿珍珠换了饼吃。贺知章嘴上不好说什么，但心里非常懊恼惋惜。老者说：“你吝啬的毛病都没有除去，飞仙的法术又从何谈起呢！”于是把珍珠还给他走了。如此说来，贺知章也只不过是一个贪恋富贵利禄的人罢了，《唐书》把他归入《隐逸传》，也算是很不伦不类了。

月湖水面浩荡，湖水清澈莹静，煞是可爱，一直通到宁波府的南城。南城下密密麻麻地种满了桃树和柳树，环绕着湖岸四周，中间也穿插种植了各种名花果木。湖中鳞次栉比的都是士大夫们修的园林亭院，楼台倾塌，水榭破败，只有松树岩石苍劲依旧。石头上的凌霄藤有像斗一样大的，大概有百年以上的历史了。四明山一带的官宦世家，他们认为田宅可以留给后代，但园林亭院只能终其一代，不能传之子孙。那些私家庭苑的树木石头，大多朝秦暮楚，转手易人。所以四明山一带官宦们的园亭也就姑且草草修建，就像供行人休憩的驿馆、官府的衙署一样。屠隆修建的娑罗馆，也只剩娑罗树而已。诸如“雪浪”这般的名石，荒废在别人家的园林里已经很久了。

清明时节，两个湖里的游船非常多，但桥太小，因此船也都不甚大。城墙脚下稍宽广的地方，桃花烂漫，柳树成荫，游人席地而坐，一边饮酒一边唱歌，歌声弥漫于西湖之上。

## 金山夜戏

崇祯二年（1629）中秋的第二天，我经镇江前往兖州。黄昏前到达北固山，将船停靠在江口。月光像从囊中倾泻而出，直入水面，江中波涛汹涌，露气吸收着月光，喷薄至天，使天空都成了白色。我惊喜异常。划着小舟路过金山寺时，已是二更天了。经过龙王堂，进得大殿，一片漆黑，四野俱寂。树林里洒漏的月光，疏疏落落宛如残雪。

我唤仆人拿来演戏的用具，将大殿中装点得灯火通明，唱起了韩蕲王金山及长江大战等几出戏。锣鼓喧哗，一寺的人都起来观看。有个老和尚用手背擦着眼翳，突然张开嘴，呵欠声、笑声、喷嚏声一齐响起。慢慢地定睛再看，想知道我们到底是什么人，又因何事于何时来到这里，却都不敢开口问。戏演完时，天也快亮了，我们解开缆绳渡江而去。金山寺的僧人们随我们到山脚，久久地目送我们，弄不清楚我们到底是人、是妖怪、还是鬼魂。

## 筠芝亭

筠芝亭淳朴无华，恍若天成。然而整座山都仿佛为此亭而生，亭子建好了，这座山也就不需要别的点缀装饰了。我家此后修建的亭子都比不上筠芝亭；此后再建的层楼、高阁和书斋等，也都比不上筠芝亭。总之，如果多盖一层楼，从亭中望去便多一层楼的阻碍；如果多筑一面墙，便平添了一道墙的遮碍。我的高祖父当年建好这座亭子之后，就不再在亭外增添哪怕是一条木椽或是片瓦，亭子里也不再设门槛或门扇，他这是别有用意的。

筠芝亭的前前后后，我高祖父亲手种植的树木都可合抱了，树荫清幽，雾气轻笼，云烟腾涌弥漫，或明或晦，徜徉其间，仿佛流连在秋水之滨。站在亭前石台上，最先看到的是亭中的景物，登高远眺，境界开阔，一览无余。敬亭等山都盘曲在山脚下，溪水的沟壑蜿蜒潆洄，仿佛溪水是从松叶上流出来的。沿石阶向下右转，曲折的石阶弯弯折折，苍老的松树弯曲着树干立在道旁，树顶倒垂下一根枝干，像是一顶仪仗用的华盖；

细小的松枝盘曲蓊郁，旁逸斜出，盘旋聚拢，像羽毛一样覆盖在曲柄的华盖上。万历四十一年（1613）之前，这里没有修砌围墙和石台，松树的意境尤为舒畅。

## 砎　园

砎园被水盘绕萦回，虽充分利用了水，却又安排布置妥当，仿佛园子里没有水的样子。砎园里的寿花堂，以堤岸、小眉山、天问台、竹径为界，显得曲折狭长，用水环绕着；砎园的内宅，以霞爽轩、酣漱廊、长廊、小曲桥、东篱隔开，显得深远而幽邃，也用水环绕着；临池被鲈香亭、梅花禅截断，显得宁静而悠远，仍然环绕着水；沿着城墙则用贞六居、无漏庵、菜园、邻居小户围绕环护，显得幽谧而安宁，水的妙处也算发挥到极致了。而这一路流水造就的景色都源于庞公池水。庞公池是个废弃的池子，我引来水流一路向着砎园，这庞池之水竟是心无旁骛，仿佛再也不想看旁处，不为别的景致心情激荡，不肯应承其他地方，龙山曲曲折折地绕了不少弯想要亲近水流，但庞池之水置之不顾。人们都说砎园善于利用水，故而园子里的各种景色最终都因水而生。

我祖父在世的时候，砎园极其华美繁盛。有一次，两位老人在园中盘桓，其中一位说："这里竟像是蓬莱仙境一样啊。"另一个老人啐他说："蓬莱哪有这般美景！"

# 葑门荷宕

明熹宗天启二年（1622）六月二十四日，我偶然来到苏州，看见男男女女倾城而出，全都聚集在葑门外的荷花宕。楼船画舫、渔舟小艇，全被租赁一空。远方来的游客中，有人出价万贯也没有雇到小舟，如蚁群般聚在岸上急得团团转。

我划着小舟往前去看，却什么也没见着。荷花宕中大船小船如经纬交织般纵横交错，游玩的少年在船上奏乐，往来穿梭。船上的美人个个妆容倩丽、衣着淡雅，摩肩接踵，汗水湿透了层层衣衫。蔚为壮观的是，舟船拥挤交错，歌乐杂乱纷呈，男女嘈杂混乱不堪，炎天酷暑，热浪滚滚，终日鼎沸，混乱不休。

荷花宕常年人迹罕至，可这一天，男男女女却都以没到这里为耻。袁宏道先生说："这天男人女人混杂的热闹景象，简直难以描摹。大概的情境是，揭开船舫的帷幕就看到如同千万朵花般的笑靥，人们举起的袖子似乱云从峡谷中飘出，挥一挥扇子，汗水如流星飞逝、月光迸射，听到的歌声如雷声轰鸣、波涛奔涌。"大概是人们遗憾在虎丘山的中秋之夜相处时若即若离、躲躲闪闪，特地等到这一天要大大方方地在一起吧。

# 越俗扫墓

越地的扫墓习俗，男男女女都穿着华美的服饰，描着精致的妆容，乘着画船，奏着鼓乐，那盛况就像杭州人游湖一般，以活人为重，以死者为轻，是稀松平常的事了。二十年前，中等资产的人家还在用绍兴平水的一种屋帻船（丧船），男女分立船头船尾，不用有座的船，也不敲鼓吹箫。前辈用朱熹的话打趣道："以结上文（坟）两节（截）之意。"后来就渐渐奢华了，即使是小家小户，男人女人也必定是用有两个座位的船，在头上裹上方巾，吹着鼓乐，欢歌笑语，畅饮开怀。下午时分，他们会根据路的远近，游览庵堂、寺庙，以及一些士大夫家的花园。快进城的时候，鼓乐就会吹奏《海东青》《独行千里》这样的乐曲，锣鼓之声交错混杂。若有大醉的酒徒，定会摘下自己的头巾大声叫嚣，唱着没有歌词的曲调，或者在船上撸起袖子，和同伴扭打在一块。从二月初一直到夏至，人们倾巢而动，热闹非凡，每天如此。

乙酉年（1645），方国安部下划钱塘江而据守，就算是打鱼采菱的小舟，也被收缴一空。坟墓也都葬在数十里外，子孙们挑着祭祀用的鱼肉冥钱，徒步往返祭拜，妇女被禁足在城内已经三年了。此时的越地一片萧索凄凉的景象，这也算是物极必反的一个例子吧。

## 奔云石

南屏的石头没有比奔云石更好的了。"奔云"二字道出了它的情致，却未能体现它的道理。奔云石像一朵滇茶花，被风吹雨打跌落枝头，半埋入泥土中，花朵棱瓣分明，折叠成三四层。人走在其中，就好像蝴蝶飞入花心，没有一条触须不仔细品味。

黄汝亨先生曾在奔云石这里读书，从各地来向先生求学的弟子有一千多人，门庭若市。我幼年的时候曾跟随祖父拜访过先生。先生面色黧黑，胡须繁密，脸颊边都是须发，宽眼大嘴，眉骨高耸，鼻梁挺拔，开口便笑。先生与人交际应酬，八面玲珑。他耳朵听着客人谈话，眼睛看着信牍，手中写着回信，嘴里嘱咐着仆人，各种纷繁事务堆在面前，却不曾出过半点差错。客人来了，无论贵贱，他都以好酒好菜招待，到了夜晚就与他们同在一张床上睡觉。我的一个书记员到黄先生那里，这书记员十分邋遢，相貌丑陋，但是先生招待他跟其他人没有什么两样，我真是太佩服先生的为人了。

丙寅年（1626）我到杭州，那里的亭台楼榭已经倾塌，堂中埋葬着先生的遗体，让人不胜感伤。我看见奔云石仍然黝黑润泽，色泽不减当年，便对客人说："我愿意租下这一处石屋，垒起石头堵住门，在奔云石下起居坐卧，十年都可以不出来了。"客人说："怕有盗匪。"我说："我穿粗布衣服，盖粗布被褥，身外之物不过只有米瓮的米和几本破书而已。王弇州（王世贞）不也说过'盗亦有道'吗？"

## 木犹龙

木龙出自辽海，被风波浪涛飞漱冲荡，形状就像跳腾的巨浪，浑身上下布满被波浪冲击过的纹理。开平王常遇春从辽东得到它后，用輂将它载到京城。开平府第被大火烧毁，人们说这木龙怕是成了灰炭了。等到挖掘瓦砾时，只见木龙已埋进地下数尺，大火没有烧到它，人们都觉得惊异，于是就称呼它为龙。

这木龙不知道是什么原因后来流落市场交易，我父亲用十七只犀角做的酒器把它买了下来，进献给鲁献王，因为误写了“木龙”两字，没想到触犯了鲁献王的名讳，被断然退回，于是木龙就留在了我父亲的官邸中。父亲去世后，我把木龙运载回家，当作宝物世代传承。

丁丑年（1637）诗社成立，我恳请诗社的名人为木龙赐名，并写一小段文字来歌咏它。周墨农取“木犹龙”之名，倪鸿宝取“木寓龙”之名，祁世培取“海槎”之名，王士美取“槎浪”之名，张毅儒取“陆槎”之名，诗歌写了一整本。

木龙体形巨大笨拙，重达千余斤，从辽东到京城，再到兖州、济州，走的是陆路；由济州到杭州走的是水路。后由杭州经钱塘江，到萧山、山阴，再到我家，是水陆交错着走，前前后后花了上百两银子，当初买它花费的钱还不算在其中。

哎呀，木龙可算是找对人家了啊！我在龙首尺木处打磨，刻上铭文记述道：“夜壑风雷，骞槎化石；海立山崩，烟云灭没；谓有龙焉，呼之或出。”又写道：“扰龙张子，尺木书铭；何以似之？秋涛夏云。”

# 天　砚

我年少的时候，看不出砚台的好坏。徽州的汪砚伯到了山阴，用古字题在砚台上，废砚立刻身价倍增，越中珍贵的石头都被用光了。看的砚台多了，我就摸索出鉴别砚台的门道了。

我曾经托付朋友秦一生为我寻觅制砚的石头，找遍了全城都没找到。山阴监狱里一个大盗手中流出一块石头，是未经雕琢的璞石，索价两斤银子。我正好到杭州去了，秦一生仓促之间不能辨别这块石头的好坏，就拿给我的堂弟张萼（字燕客）看。燕客指着石头上的白眼说："这石头黄牙臭口的，只配用来垫桌脚。"骗得秦一生把石头还给了大盗。燕客自己就连夜用三十两银子将石头买了去。他让汪砚伯制成一方天砚，石头上面有五颗小星和一颗大星，取名为"五星拱月"。

燕客又担心一生认出这块砚台，便铲掉了一大两小三颗星，仅留下三颗小星。一生得知上当后，很是懊恼，来跟我说明原委。我笑着说道："石头在谁那儿，都一样。"便拉了一生急往燕客那里观赏。燕客捧出砚台，但见它色泽赤红堪比马肝，细腻润泽竟如玉石，背面隐隐约约有如玛瑙中的白丝，雕刻在砚台上的小篆如手指螺纹般细微清晰，砚台的正面那三颗星凸起像三个弩眼。研墨时悄无声息，墨汁下沉而墨烟袅袅浮起。

一生一时竟看呆了，张大着嘴都合不上。燕客要我给这块天砚写个铭文，我写道：“女娲炼天，不分玉石；鳌血芦灰，烹霞铸日；星河溷扰，参横箕翕。”

## 吴中绝技

吴中有很多绝活：陆子冈雕琢玉器，鲍天成雕刻犀角，周柱的镶嵌工艺，赵良璧制作梳子，朱碧山打磨金银饰品，马勋、荷叶李工扇艺，张寄修善作古琴，范昆白制作三弦子，他们的技艺都可谓上下百年，无出其右。但是他们苦心孤诣也仅限于工艺技巧，至于其制作工艺的厚薄深浅、浓淡疏密，恰好能与后世鉴赏家的心思和眼光相互投契，又岂是匠人所能做到的？大概技巧工艺到了一定水平，再往前走，就进入道的境界了。

## 濮仲谦雕刻

南京人濮仲谦，形貌朴拙，颇有古风，看上去柔弱无能的样子，但是他的技艺精妙，巧夺天工。他雕刻的竹器，哪怕是一把扫帚，一个刷子，仅在寸许长的竹片上寥寥勾勒数刀，便价值好几两银子。但他自己最喜欢的，又必是用竹子盘根错节的那部分，以不用刀刻斧凿为奇，仅用手略微刮擦打磨，便成为一件高价艺术品，这其中的道理真是难以理解。

仲谦的名气越来越大，但凡得到他题款的物品，价格立涨。

三山街有几十个人都因仲谦的手艺而捞到不少好处，但是仲谦自己依然一贫如洗。他在朋友那里闲坐看见有好的竹子、好的犀角，就自顾自地雕刻起来。偶尔遇见脾性不相投的人，即使威逼利诱，也得不到他的作品。

# 卷　二

# 孔庙桧

己巳年（1629）我到曲阜拜谒孔子庙，买通了看门人，从大门进去。宫墙内高耸着一座阁楼，匾额上写着“梁山伯祝英台读书处”，我感到非常诧异。

进到仪门，参观孔子亲手种植的桧树。这棵桧树历经周、秦、汉、晋好几个朝代几千年，到晋怀帝永嘉三年（309）间枯萎了。在枯萎的三百零九年间，孔子的子孙们一直守护着它，没有毁弃，到隋恭帝义宁元年（617）它又复活了。长了五十一年，到唐高宗乾封三年（668）又枯萎了。这次枯了三百七十四年，到宋仁宗康定元年（1040）再次复活。金宣宗贞祐三年（1215），它在战火中罹难，树枝和叶子都被大火焚毁，只剩下光秃秃的树干，有两丈多高。八十一年后，到元世祖三十一年（1294），枯树再度发芽。到明洪武二十二年己巳（1389）这一年，这棵树长出好几根枝丫，树叶茂盛蓊郁，过了十多年后树枝又枯萎掉落。抚摩这棵桧树的枝干，只觉顺滑流畅，坚实润泽，纹理都向左边旋转，轻叩树干，能听到金石之声。孔子的后辈一直都根据这棵桧树的荣枯来卜测世运的兴衰。

又往里走，进到一座大亭子，地上卧着的石碑上刻着“杏坛”二字，是金代的党怀英题写的。亭边有座桥，洙水和泗水在此交汇。过桥进入大殿，壮观辉煌，宣圣孔子和他的弟子颜渊、子思、曾参、孟轲，以及孔子门下最优秀的十位学生都塑有雕像，戴着礼帽。案台上陈列着三座兽首铜鼎，分别为一祭祀用牲畜、一头象、一只辟邪，造型古朴遒劲，通体呈翡翠色，用钉子钉在案台上。台阶下面立着各个朝代帝王的碑记，唯独元代的碑最高大，碑基是用风磨铜做成的赑屃，高有丈余。

左边大殿有三间房，规模略小一些，是孔子的家庙。东西两面墙上，木制小匾上书写着历代帝王的祭文。西墙的一角，是奉祀高皇帝的殿堂。家庙中只要是明朝的封号，都弃置不用，可能是借此来显示孔子的伟大。

孔家的人说："天下只有三家人家：我家和江西的张氏、凤阳的朱氏而已。江西的张氏，一身道士气；凤阳的朱氏，是暴发户，太小家子气。"

## 孔　林

从曲阜的北门出来五里远便是孔林。这里用紫金城围起来，一座楼就是它的大门，楼上可以望见远处的小山峰，正对着东南面的，就是峄山。转弯向西去，有三四只石虎、石羊散落在草丛之中。跨过一座小桥，有两条河流在此交汇，流入泗水。享殿的后面是子贡亲手种植的楷树。楷树大大小小有几千棵，鲁地的人砍伐它们当木材，或做成棋盘。享殿正对着伯鱼的墓地，孔圣人把他的儿子伯鱼葬在这里，使此地有中和之气。从伯鱼的墓地向右拐，便是宣圣孔子墓。距此几丈远的地方，有一座小山，小山的南面是子思的墓地。几百步之内，父亲、儿子、孙子的三座坟墓都在这里。

谯周说："孔子死后，鲁人依傍孔子墓居住的有一百多户人家，这里也被称作'孔里'。"《孔丛子》上说："孔夫子的墓方圆一里，在鲁城北面六里的泗水畔。"孔氏宗族的坟墓共五十多座，墓碑上人名辈分已经模糊，不可辨识。有三座碑铭，碑铭上饰有兽形的碑碣尚在。《皇览》里说："孔子的弟子们从各个地方带来珍奇树木栽种在这里，所以很多异木叫不出名字。一里之内都不曾生长荆木和棘草。"紫金城外，环绕着几千座坟墓，三千两百多年来，孔氏的子子孙孙都成排成列地葬在孔子墓旁，从不迁徙别处，这是自古以来的帝王都不能相比的尊崇。

宣圣墓右边有三间小屋，匾额写着"子贡庐墓处"。从兖州到曲阜的路上，当时的官府树立木牌坊做标记，有的地方写着"齐人归谨处"，有的地方写着"子在川上处"，尚还有些道理。到泰山顶上，竟有石头刻着"孔子小天下处"，就不禁令人哑然失笑了。

## 燕子矶

我曾三次路过燕子矶。这里水势湍急，波涛翻涌，乘船到此，舟人都揪住缆绳，互相系住，钩着铁缆，像蚂蚁一样攀附而上。从篷窗往外看，但见燕子矶的岩石层层叠叠，高峻突兀直插江面，让人不觉得惊喜，反而心生恐怖，竟不知岸上有如此险象。

戊寅年（1638），我到南京，和吕吉士从观音门出发同游燕子矶，才知道这里是佛门圣地、神仙府邸，我却失之交臂。我们登上关王殿，这里是吴楚交界之地，当年关羽用兵打仗的地方。殿里的关羽像精神威赫，胡须眉毛像戟戈一样竖起。

沿山行至矶头，坐在凉亭里，只见江水轻疾，船只像箭矢般迅捷而下。我们折向南边，经观音阁，扶着铁索上去。观音阁旁边是个僧院，有峭壁高千寻，顽石坚硬如铁；有枫树数株，枝繁叶茂，蓊郁遮蔽着旁边的树木，泛着幽暗凄冷的森森绿意。若在此筑座小楼，与如此景色终日相对，便可面壁十年了。如今的僧房佛阁，却还特意背对着它，他们怎么忍心错过如此美景呢？这年我回浙江，闵老子、王月生送我到燕子矶，在石壁下饮酒饯别。

## 鲁藩烟火

兖州鲁藩王府的烟花妙绝天下。放烟花时必张挂灯笼。鲁藩王府的灯笼，装饰在厅殿里、墙壁上、楹柱上、屏风上、座椅上，以及宫扇伞盖上。诸位王侯公子、宫女仆人、舞姬乐工，个个都成了灯火中的景物。到了放烟花的时候，灯火中的景物又成为烟花中的景物。

天下看灯火的人，都是在灯火外看灯；看烟花的人，又都是在烟花之外看烟花。没有亲身进入灯中、光中、影中、烟中、火中去看，只见其光影闪烁、绚烂多姿，恍惚间竟不知那是王宫里的烟花，也不知那也是烟花里的王宫了。

大殿前搭起几层木架子，在上面燃放“黄蜂出窠”“撒花盖顶”“天花喷礴”等烟花。木架四周挂着八架珍珠帘，架子高达两丈多，帘幕上分别镶嵌着孝、悌、忠、信、礼、义、廉、耻几个大字。每个字高一丈左右，晶莹透亮，交相辉映。帘下是五色火漆制作的雕塑，有狮子、大象、骆驼之类的野兽一百多头，上面骑着各少数民族的人，手执象牙、犀角、珊瑚、玉斗等器物，这些器物当中放置了“千丈菊”“千丈梨”等燃放烟花的火器，野兽的脚踩在车轮上，肚子里藏着人，在下面旋转着使车轮行进。那些少数民族人偶手中所拿瓶装的烟花徐徐发射，像大雁一样排列成行，一边摆阵形一边往前走。一会儿，百兽嘴里喷射出烟火，屁股也喷射出烟火，横冲直撞，四处践踏。宫殿的正南门外，烟花火焰遮蔽了整个天空，月亮的光芒都被遮蔽了，露水也不能凝结。看烟花的人眼花缭乱、目眩神迷，几欲癫狂，但一直敛手自持，按捺住心中的激动。

以前有个苏州人，夸他们苏州的灯火烟花是何等盛况，说：“这时候苏州就是有烟花焰火，也是没地方燃放的，要放也是放不上天的。”大家都问：“为什么呢？”他说：“这时候天空都被烟花塞满了，没有空隙可以放了！”人们嘲笑他荒谬。现在看到鲁王府的烟花，才明白他所言不虚。

# 朱云崃女戏

朱云崃教授女子学戏，不仅仅只教她们唱戏。教戏之前，先教她们弹古琴、琵琶，先要学习提琴、弦子、箫、管、鼓吹、歌舞，借着学戏的名义，实际上并不专门只教唱戏。唐代汾阳王郭子仪、隋朝越国公杨素、东汉司徒王允这些人家的女乐师，当年也未必如此多才多艺。丝竹管乐交相错杂，檀板轻敲，清歌婉转，直渗入全身每个毛孔，通体透畅。若唱完后再用说白来结束，反倒多此一举。跳西施舞的时候，有五个人对舞，长袖舒卷，衣带飘扬，身体旋转时宛若环带，时而伏地弯绕盘旋，扶摇旋转婀娜多姿，身段似秋风中的白芷那样纤弱。打扮成宫廷女官和侍者的舞女歌伎有二十余人，手里拿着扇葆璇盖、金莲宝炬、纨扇宫灯，灯光焰火灿然明亮，华丽锦绣的衣服纷绕层叠，令观众吃惊不已。

朱云崃素来好胜，看到得意的地方，就瞪大眼睛看客人的反应；若是得到客人一两句称赞，就连忙到戏房告诉诸位舞女歌伎，进进出出地颇为劳顿。坊间传说朱云崃性情多疑，素喜猜忌，他把众歌伎的住处安置得幽曲隐秘，重重封锁，晚上他还亲自巡查，歌伎都对他怀恨在心。轮到有人侍寝时，那人就偷偷跑掉，大家相互掩护藏匿，反正在深宅密院中，朱云崃找不到她们，只好大声叱骂了事。朱云崃如此殷勤防护，日夜操劳，不过是个不明事理的轻贱老人自讨苦吃，足以让那些年老的好色之徒引以为戒。

## 绍兴琴派

丙辰年（1616），我向王侣鹅学古琴。绍兴现存的继承王明泉琴派衣钵的人当首推王侣鹅，我向他学了《渔樵问答》《列子御风》《碧玉调》《水龙吟》《捣衣环珮声》等曲子。戊午年（1618），我向王本吾学琴，半年学得二十多个曲目：《雁落平沙》《山居吟》《静观吟》《清夜坐钟》《乌夜啼》《汉宫秋》《高山》《流水》《梅花弄》《淳化引》《沧江夜雨》《庄周梦》等，以及《胡笳十八拍》《普庵咒》等小曲十多种。

王本吾的指法圆融沉静，但稍显油滑轻浮。我学到了他的琴法，练得很娴熟了又返璞归真，以生鲜涩滞的风格弹出来，于是也算与王本吾的风格互生互补。和我一起学琴的有范与兰、尹尔韬、何紫翔、王士美、燕客、平子。与兰、士美、燕客、平子都没有学成，紫翔学得本吾琴技的八九成，但还稍显稚嫩。尔韬学得本吾琴技的八九成，却又稍显迂滞。我曾经和本吾、紫翔、尔韬取四张琴一起弹奏，四人琴声合鸣竟如一人所弹，听者无不叹服。在王本吾之后，来越地教琴的有张慎行、何明台，他们琴技功底扎实有余而洒脱散逸不足，没有超过王本吾的。

## 花石纲遗石

越中没有好的奇石。董文简书斋中有一块藏石，品相正直端方，有好几个孔穴，形状疏朗明畅，并无奇谲诡异之处。这块石头是朱勔当年主持花石纲时遗留下来的，原是陆放翁家的遗物。董文简把石头竖在庭前阶下，在石头后面种了一棵剔牙松，石与松相互交错依偎，意境交融。文简在石头的北面修筑了一座小轩，取名“独石”，寓意这石头和小轩是独一无二的。陶石篑先生曾在这小轩里读书，刻了铭文来记述这件事。

长江以南的花石纲遗石中，吴门徐清之家里那块石头最为贵重。此石高一丈五尺，朱勔将它移到船上，载石的石盘沉入太湖底，没找到，所以没运走。后来辗转到了乌程董氏的手里，用船载到湖中，船又翻了。董氏花钱招募水性好的人潜到湖底找寻。先是找到了当年的石盘，人们都十分惊讶，又下到湖底寻找石头，石头也很快被打捞上来，人们把石头和石盘的因缘际会与龙泉、太阿两剑在延津会合的掌故相比。

又过了几十年，此石归徐氏所有。再后来传到徐清之手里，他花了三百两银子把它立了起来。石头连底座高两丈多，变幻无穷，难以形容它的模样。大抵就像吴无奇游黄山一样，只要看见一块奇石他就瞪着眼睛惊呼：“岂有此理！岂有此理！”

## 焦　山

二叔担任瓜洲知州的时候，我曾借住在于园，闲暇无事时就登览金山寺。风清月朗，二更天的时候，还曾登上金山寺的妙高台，俯瞰长江天险，竟如沟渠。

一天，我乘船到了焦山，这里山势更显曲折可爱。长江在山下曲折盘桓，远远望去，水面清朗澄澈，历历可见。把饭食投放到水中，海猪、海马争相抢食，驯服柔顺得如家中豢养的鱼一样。又去看水晶殿，寻访摩崖石刻《瘗鹤铭》，空山岑寂无人，恍若回到了远古时代。回望红尘烟火中的瓜洲，真是恍若隔世。

吃饱睡足，沐浴出门，前去拜谒汉末焦先处士的祠堂。但见他的塑像冠冕威仪，与夫人并肩而坐，旁边还有四个陪臣、四个宫女，鸟羽装饰着华盖，幡旗飘飘，俨若帝王。大概当地人把他奉作土地神和五谷神，用王者的礼仪来祭祀他。这就好比将杜十姨配给伍髭须为妻，千百年后谁也说不清了。焦先处士若泉下有知，也不知会作何感想?

## 表胜庵

香炉峰上有一石屋，一金和尚曾筑茅草房住在此处，后来一金和尚到锡柯桥的融光寺当了住持。我祖父建成表胜庵之后，就迎他回山上表胜庵当住持，并嘱我写了一封邀请信。信中写道："晚辈恭敬地禀告，表胜庵已建成，只是惭愧不能像给孤园中那样，大地铺满黄金；天瓦禅房等着大师能像宝掌和尚那样云游四方后来此打坐。戒弼长老重回西湖石塔当住持，是感念苏轼的深情厚意；玄奘大师取经时约定松枝朝向是寄愿西去东回，而万回大师去万里之遥的安西探兄，朝发夕返，松枝仍是朝西，竟不知大师已归来。离开的时候并无做作之意，如今回来也是随缘。那九里山的僧舍原本就是一金禅师最初结缘修行的地方。偶尔听到柯亭的竹笛声，知道大师尚暂留尘间；石屋前烟霞无人观赏，便知大师已超乎尘外。就如那孤杳野鹤，尚且眷念故枝；想必那漫天云霞，也依恋旧时的山岫。况此处是佳地胜境，更预兆着高人的到来，好了却曾在此山居住的前缘，开启新庵堂的规范。

“您的功德像慧远大师一样，猛虎愿为您守护山门；您的修行俨如高僧涉公，神龙愿为您降雨洗钵。早春的茗茶，仍是您昔日石屋那寒泉的风味；腊月的香气凛冽，依然是旧时庵前的梅花疏影。半月岩好像与人猜谜，请大师来为它指点迷津；顽石亦可对话，大师可像东晋高僧竺道生那样传经说法直到群石点头。借此山之灵气，愿与山石一道隐居。倘若大师一心想如慧远大师那样建立白莲社，一定不会皱眉拒绝我的邀请；如果我们像谢灵运对慧远大师那样若即若离，自然难以开口请求。我们期盼着您立即大驾还山，调转您的船头，大发慈悲来表胜庵当住持，体恤众人的殷殷相邀之情。”

## 梅花书屋

陔萼楼后面的老房子倒塌后，我就将它的地基加高四尺，建了一间大书屋。扩充了一下书屋侧面的耳房，用纱帐隔出一个休息间，里面安置了一张矮床。书屋前后都有空地，我在后墙根筑起花坛，栽种了三棵西瓜瓤红的大牡丹，花开时缀满墙头，每年都要开三百余朵。花坛前面种了两棵西府海棠，花开时节，繁茂的白色花朵清芳动人，仿若积了数尺香雪。花坛的前边西壁稍高，在对面砌了石台，取太湖石插上，便竖成几座假山。

西溪梅枝干苍劲古拙，还有几株云南茶花，在一旁妩媚生姿。梅花树根下种着西番莲，盘结缠绕，如瓔珞一般。书屋窗外搭有竹棚，被密实的宝襄花覆盖着。台阶下碧草如茵，厚达三尺，疏疏落落的秋海棠点缀其间。屋前屋后窗户敞亮，宝襄花和西府海棠繁盛时，渐次幽绿深浓。我坐卧皆在这间书屋，如非高人雅士，是不能进来的。我素来仰慕元代画家倪云林的清閟阁，所以，我又把这间书屋叫作“云林秘阁”。

## 不二斋

不二斋旁有株三丈高的梧桐，树冠浓密，绿荫千重万叠。但遮盖不到西墙，我便种上蜡梅填补空隙，抬头只见绿色满眼，夏日的暑气都被挡在了外面。后窗的墙略高于窗槛，种着许多竿方竹，潇洒俊逸，内堂挂着一副郑子昭写的横批“满耳秋声”。天光流泻而下，抬眼看去，就如玻璃、云母那般晶莹剔透，坐在其间，恍若置身清凉世界。屋子四壁全是书籍，汗牛充栋，一直堆到了床上；鼎、彝、尊、罍这些酒器，要用时无须移动，到处都陈设着。

我在房子的左边放了张石床，摆上竹几，用纱幕围上，以防蚊虫。窗外绿意漫过纱帐，照壁亦染得如同碧玉一般。每到夏天，建兰、茉莉芬芳袭人，衣袂含香。到了重阳节前后，又把菊花移到北窗下，分上下五层错落摆放，颜色空明清丽，上下天光映射，如沉醉在秋水之中。冬日，梧桐叶落，蜡梅飘香，温暖的阳光晒在窗上，拥红炉而坐，盖上细密的毛毯。用昆山石种植水仙花，放在石阶下。等到春天，四壁开满山兰花。门槛前有半亩芍药，多为罕见珍品。我解开衣裳，盘腿而坐，无论寒暑，都不轻易出门，现在想起来，那样的日子真是恍若隔世。

## 砂罐锡注

宜兴砂罐，以龚春制作的为上品，时大彬制作的次之，陈用卿的又次之。锡注，则以黄元吉制作的为上，归懋德制作的稍次之。砂罐，是砂土烧制的；锡注，则是锡浇铸而成。一经制作出来，一个砂罐、一个锡注就价值五六两银子。那么，砂与锡的价格，竟与它们自身的轻重相等，这岂不是怪事？然而一个砂罐、一个锡注，径直跻身商彝、周鼎之列，且毫不逊色，这是因为它们自身的品相与质地足以与之匹配的缘故。

# 沈梅冈

沈梅冈先生因为触怒了宰相严嵩，在狱中被关押十八年。他在狱中读书之余，空闲时间又钻研雕刻工艺，没有斧头和锯子，就日夜磨一铁片，最终磨成了锋利的刀具。他得了一尺多长的楠木，就把它雕琢成一件文具，有三个大匣子、七个小匣子、两把壁锁；得到几片棕竹，就做成一把扇子，上有十八个扇骨，用榫头相嵌，针线缝缀，钉铰连接，坚实细密，即使从事竹木雕刻的巧匠也自叹弗如。

沈先生的夫人请求我曾祖父文恭公为沈先生写墓志铭，拿了这件文具和这把扇子当礼物送给我曾祖父。曾祖父拜谢后接受了。他在匣子上作铭文道："陪伴苏武十九年的，是苏中郎手中的旄节；陪伴给事中沈公十八年的，是他手中的木匣。旄节呀，匣子呀，都代表不改的气节。"又给扇子作铭文道："塞外的毡毛，饿了可以充饥；狱中的扇子，灰尘不能玷污。前有苏武，后有沈公，他们的英名都炳耀史册。"

这东西是沈梅冈制作的，铭文是文恭公作的，字是徐文长写的，刻则出自张应尧，时人称之为四绝，我一直珍藏着。又听说沈先生用黏稠的米粥拌和泥土，花了几年时间，浇铸模具，做成了两个铜鼓，声音能传到一里之外，远胜暹罗国出产的铜鼓。

# 岣嵝山房

岣嵝山房靠近山峰、溪流和弢光路，没有哪条道路不架桥，没一座房屋不是凌空建造的。门外苍劲的松树傲岸睥睨，杂木蓊郁，幽深清冷的绿意连绵不绝，人在其间，面目模糊。石桥下的台阶，能坐十来人。寺庙的僧人剖开竹子做成管道引来山泉，石桥下面犬牙交错的都是一根根竹管。

天启甲子年（1624），我在这里闭门居住了七个月，耳边只闻溪流淙淙，目遇皆是清凉的绿荫。山上山下盛产西栗和边笋，甘洌清甜。附近的山民把山房当作集市，每天都拿瓜果、禽鸟到这里贩卖，然而唯独没有鱼。我便聚了一段溪流形成深潭，放养了几十条大鱼。有客人来了，就直接从水塘里捞上来尝鲜。日近黄昏，我必会到冷泉亭、包园和飞来峰散步。

某日，我沿着溪流边走边看佛像，嘴里不断骂着杨髡。见到一座波斯人骑龙象的雕塑，四五个赤身裸体的胡女捧着鲜花水果献于前，石头上刻着铭文，说这就是杨琏真伽的塑像。我砸掉了塑像的头，又把那些胡女也砸碎了，扔到厕所里来作为报复。寺庙里的僧侣听闻我砸了佛像，都议论纷纷，大为惊讶。后来得知砸的是杨髡的塑像，又都很高兴地拍手称快。

# 三世藏书

我家三代积累的书有三万多卷。我祖父对我说："我这么多的孙子当中，只有你最爱读书，你想看什么书就都拿去吧。"我挑选了高祖太仆公、曾祖文恭公批阅校订以及他们留下的书籍手稿，一一汇总后向祖父请示。祖父很高兴，让我把书抬走，大约有两千多卷。天启乙丑年（1625），祖父去世，我适逢到杭州去了，我的父叔们及弟弟们，众多门客、工匠、奴婢、仆人把这些书一顿胡乱取走，我家三代人遗留下来的书籍，一天之内就丢失殆尽。

我年幼时就开始收藏书籍，四十年来不下三万卷。顺治二年（1645）为了躲避兵乱到了嵊州剡溪，只带了几箱书随行，留下来的都被方安国的士兵据为己有，每天撕下来生火，并且将书抬到江边，填塞在铠甲内抵挡飞箭流弹，我四十年苦心收藏的书籍，也在一日之内灰飞烟灭。这就是我家藏书的厄运，可我又能怪得了谁呢？

我因此感叹古往今来，藏书最鼎盛的，应是隋唐时期。隋朝宫廷藏书用的嘉则殿，分为三个等级：红琉璃殿、绀琉璃殿、漆轴殿。殿内锦幔低垂，飞仙盘绕在帐幔之上。皇帝亲临书房，踩踏暗藏的机关，飞仙便收起帐幔，书橱的门自动开启；皇帝出来后，书橱则关闭如初。隋朝的藏书总计有三十七万卷。唐朝把内库的图书迁到东宫丽正殿，设置了修文馆和著作局，两院的学士必须登记姓名方可出入。太府每个月都给两院提供五千番蜀地的麻纸，每季度提供上谷出产的墨丸三百三十六颗，每年供给由河间、景城、清河、博平四郡出产的一千五百多张兔皮用以制笔，以甲、乙、丙、丁来标注经、史、子、集四部。唐代的藏书共计二十万八千卷。我明朝的藏书更是数不胜数，仅《永乐大典》一书就堆积了好几间书库。我的藏书和这些比起来，简直就是九牛一毛，又算得了什么呢！

# 卷 三

# 丝 社

越中的琴师不过五六人，常年都不练习，琴艺怎么可能会好呢？我结了个琴社，每月都要举行三次聚会。为此我写了一篇檄文："蔡邕爱好音乐，《清溪弄》三年曲成；贺思令与嵇康神交，《广陵散》千载流传。乐器注入人的精神才能合于大道，人们容易学会弹琴却很难进入高妙之境。幸好我们生长在山峦溪谷之地，有古琴雅趣的共同爱好。清泉涓涓，绕石而流，奏一曲《水仙操》，便足以陶冶性情。溪涧清越，松风阵阵，《清溪弄》《广陵散》《水仙操》皆是大自然的声音，正需我们这些同气相求的人相聚在一起。于是我们订立了古琴盟约，定期雅聚，岂能虚度美好的光阴？弦乐与管乐交杂，奏出清越之声，若弹琴抚弦，群山自然回荡乐音。若说音在琴上，放在匣中为何不鸣？若说音在指尖，谁又听见指头的声音？说这话的东坡先生真是解琴之人啊。'但识琴中趣，何劳弦上声'，陶渊明也算是琴的知音了。琴音响起，才明白再婉转的歌喉也比不上曼妙的琴声；风采卓绝，神态朗畅，羡慕内心世界能呈现于指间。从容弹奏秘密赏玩，不要让不喜丝竹的人产生厌恶之情；轻挑慢捻，谁会对古琴心生厌倦？让我们共同弹奏友谊之曲，共襄振兴琴坛的盛举。"

# 南镇祈梦

万历壬子年（1612），我十六岁，某日在南镇梦神前祈梦以解梦之福祸，为此还作了一篇疏："梦境总是别开天地，或者预示人的一生。譬如梦见两根柱子，梦见红色的鞋子，就算达到最高境界的人也未尝不做这样的梦；又有梦见蕉鹿，梦见官服官帽者，连痴人都敢说出自己的梦。若心中没有所思所想，就不会无缘无故梦见乘着车子进入老鼠洞，梦见把铁杵捣成粉末来吃；若不是先知先觉，哪能要升官就会梦见棺材，要发财就梦见污秽之物呢？梦中恍惚迷离之际，好像是神明的恩赐。

"如今的我似虬龙般，欲奋起却被滞留在泥坑；又似鸾鸟般，欲展翅却陷于樊笼。顾影自怜，该向谁诉说呢？被人玩弄于股掌之间，我情何以堪？那一鸣惊人的，是梦见赤壁飞鹤了吗？那徘徊在车轮下的，是梦见南柯蚂蚁了吗？得以重用、驾车同归的，是梦见渭水熊了吗？潦倒沉沦只剩半床破席的，是梦见庄周的蝴蝶了吗？神灵啊，请你告诉我，我是该躺下来等待还是有所行动；我想要先知先觉，这样就能知道该何去何从了。我选择在这冬至来临之际，祈求神灵以梦启示于我。我急切地想要建功立名，虔诚之心天地可鉴。黄帝铸鼎以圆升仙之梦，可知一字就能得到一验证；李靖将军向西岳神上书，却是三问三不灵。我郑重地把这些听来的传闻说出来，希望神灵垂怜，赐我一梦。"

# 禊 泉

惠山的泉水流不到钱塘江的对岸，西兴的脚夫们挑泉水过江来，嘴里嘟囔着说这真是怪事。有一位缙绅先生拜访我的祖父，喝了我们家泡的茶，甚是欢喜，便问祖父："这用的是什么地方的水?"祖父说："惠泉水。"缙绅先生回头对他的仆人说："我家靠近卫前，却不知取水来饮用，今后一定要记着。"董日铸先生常常说："浓、热、满这三字道尽了茶的道理，陆羽的《茶经》可以烧掉不用了。"从两位先生的言辞来看，可知道绍兴人是何等的憨实朴陋了。

我不能喝盐碱水，又不能专门去取惠山泉水饮用。万历四十二年（1614）夏天，我路过斑竹庵，打井水来喝，但见水质清澈澄净，尝起来有玉石的味道，甚觉惊异。跑到井边查看水色，那泓水竟像是一轮秋月挂在漫天飞霜的夜空中，染得天空一片洁白；又好像清风从山谷中盈盈拂过，缭绕弥漫在松树、岩石周围，淡淡薄薄，似聚欲散。我忽然瞥见井口隐约有字迹，拿扫帚一刷，"禊泉"两个字就显露了出来，书法很有王羲之的神韵，这更让我感到惊异。试着用这水来泡茶，清香四溢。新打上来的水稍有些石头、苔藓的腥味，放置三天气方散尽。辨别禊泉之水没有其他的方法，须取来泉水喝上一口，慢慢翘起舌头抵住上腭，水从两颊一流入就消失了，感觉无水可咽似的，这就是禊泉之水。有感兴趣的人对我的话深信不疑，每天都来这里打水，有的打水回去酿酒，有的开禊泉茶馆，有的装在水缸里卖，还有的拿去送给上级。

董方伯时任越中布政使，品尝过禊泉水，甚觉好喝，担心泉水供应不上，便把禊泉封锁起来，结果禊泉更是名声大噪。会稽的陶溪水，萧山的北干溪水，杭州的虎跑泉，都不能与之相提并论，唯有惠山泉尚与其不相上下。在绍兴，惠山泉流水汤汤，劳顿奔袭，水温微热，这里生长的植物清鲜而子实累累，亦比别处更胜一筹。

我家长工做事粗疏莽撞，打水不肯走到目的地，换成其他地方的水敷衍了事，我打了他，他便骂同伴，怪人家告密。待我分辨出他是打的何处哪口井中的水，他才信服。古时易牙能尝一口就辨别淄水、渑水，被人夸张地当成神奇的事。其实，各种水到了嘴里，其生涩甘冽实在很容易辨别，又何须易牙这样的厨神呢？我的朋友赵介臣也不相信，我们共事很久，他离开时对我说："我家里的水实在喝不下，你得把我原来的口还给我。"

## 兰雪茶

日铸是越王铸剑的地方，所以这里出产的茶凛冽而有金石的气息。欧阳修说："两浙之茶，日铸第一。"王十朋则说："龙山瑞草，日铸雪芽。"日铸茶的名声由此传开。京城的茶客们一到采茶的季节就纷至沓来，并非为雪芽，而是以雪芽来谋利，所以日铸茶与京城茶的制式一样，没有自己的特色。

我三叔张炳芳知道松萝茶的烘焙方法，拿卧龙山的瑞草来烘焙，制出的茶香气清洌扑鼻。我说："瑞草品质固然很好，但是就像汉武帝服食仙露，再好的东西也满足不了过多的欲望；日铸的茶太多了，就像是瘦弱的牛可以压死猪一样。"于是我们就招募歙州人来日铸制茶，杓法、掐法、挪法、撒法、扇法、炒法、焙法、藏法，均按松萝茶的制作步骤。茶制作出来后，用其他泉水冲泡，茶香出不来，把禊泉水煮沸，往小罐投入茶叶，则香味又太浓郁。拌入茉莉花，再三调配，用敞口的瓷瓯将茶叶散淡铺开，待茶叶冷却；再用刚刚煮沸的开水冲泡，茶叶的色泽像竹箨刚刚脱落，竹粉涂抹在嫩绿的竹子上，又好像窗外天色初晓，黎明的阳光透过纸窗照进来。然后取来青妃白，倒在白瓷碗里，真的好像上百株素兰和雪涛一起倾泻下来。雪芽深得此茶的颜色，却没有承袭它的香气，我把此茶戏称作"兰雪"。

四五年之后，兰雪茶身价被哄抬得很高。越中那些附庸风雅之徒不喝松萝茶，只喝兰雪茶。有兰雪茶就喝，用松萝掺杂了的兰雪也喝，大概是松萝茶不得不自贬身价来迁就兰雪茶，依从世俗大众的喜好。近来，徽州和歙州的松萝也改名叫兰雪了，素来冠以松萝品牌的茶也纷纷改换包装，这真是奇怪的事。

# 白洋潮

按惯例，去三江口看潮，着实无潮可看。一般午后就有人在那里喧嚷："今年会悄悄地涨潮。"年年都是这样。崇祯十一年（1638）八月，我前去白洋吊唁朱恒岳少师，陈章侯与祁世培和我一同前往。海塘上有人呼喊着去看海潮，我立刻前往，章侯和世培一会儿也到了。

我们站在海塘上，看见潮头像一根线一样，从海宁往这里涌来，直奔海塘。潮水稍微靠近的时候，隐约露出的白色如同千百群小鹅，张开翅膀惊惶扑飞。渐渐逼近，只见泡沫喷涌，冰花四溅，如百万头雪狮铺天盖江，长驱直下，又似有怒雷在驱赶它们，千万头雪狮聚集涌动，争先恐后。再逼近一些，潮水好像被飓风逼迫而来，那架势好像要拍打着堤岸上来。

观潮的人纷纷惊惧后退，跑到海塘下面躲避。海潮到达海塘，拼尽全力一搏，潮水激荡四射，溅起几丈高的水花，接触到的地面都被溅湿了。海潮随即向右翻腾，被龟山挡住，雷鸣轰响，好像用大炮炸毁瀑布下的深潭一样，水花像雪花一样在半空飞舞。观潮的人为之惊异眩目，停了半天，脸色才开始慢慢恢复。先辈曾说："浙江的海潮是从龛山和赭山开始翻涌奔腾而起的。"白洋在这两座山之外，潮头却更大，这是为什么呢？

# 阳和泉

禊泉自城中流出，每天都有人前来打水。奴仆婢女顺便到庵中借灶做饭，向出家人索要柴火、菜和米，后来变本加厉，要酒要肉；庵中并无酒肉，他们就对出家人拳脚相加。出家人对此叫苦不迭，没办法，于是就怪罪于禊泉，每每往泉中投放杂草和污秽之物。还是不成，他们就挖开沟渠将臭水引到禊泉里，禊泉从此便毁了。我听说此事，来到禊井，让长工对禊泉进行疏浚。挖到一半的时候，发现有许多竹管堆积在下面，都已经散发出腐臭的气味。等到把竹管挖干净，又看见杂草污秽，奇臭无比。我派人淘洗了很多次，泉水终于重新涌出，泉水本质其实是不坏的，如今重回甘洌。待我走后，出家人又开始毁坏禊泉。没过多久，坏了又挖，挖了又毁，三番五次，最后实在无法抢救了，禊泉就这样被彻底破坏。这个时候，有一部分吃禊泉水的人知道泉水已坏，另一部分不知道泉水已坏而继续吃，还有一部分人，明知泉水已坏，却因没有泉水可吃，不得已只能继续取用。

壬申年（1632），有人称赞阳和岭的玉带泉，我去尝了一下，虽然不及禊泉的空灵，却比禊泉要清洌许多。只是我觉得玉带这个名字不是很典雅妥帖。我说："阳和岭其实是我们家的祖坟所在地，我的曾祖父文恭先生诞生于此，先祖遗下来的家风，和这里的山水一样长久。昔日，孤山的泉水流出来时，苏东坡取名为'六一'，现在此泉的名字应该就叫'阳和'比较恰当，不宜更换。因为此岭此泉的存在早在我曾祖父文恭先生之前，不等我曾祖父出生就已经叫‘阳和’了，这有什么可疑虑的呢?”当地有好事的人，生怕玉带泉这个名字丢失，于是就立了石碑刻上玉带这个名字。并说：“自从张岱标记了禊泉，禊泉就被他据为己有，现在琶山是他们家的祖坟所在地，玉带泉被他霸占就更容易了。之所以树立石碑署上玉带之名，就是害怕被他夺走。”当时有人把这话传了出去，阳和泉的名声就更加响亮了。

我为此写下铭文：“有山如砺，有泉如砥；太史遗烈，落落磊磊。孤屿溢流，‘六一’擅之。千年巴蜀，实繁其齿；但言眉山，自属苏氏。”

## 闵老子茶

周墨农告诉我，闵汶水的茶香不留口。戊寅年（1638）九月我到了南京，船一靠岸，我立即到桃叶渡拜访闵汶水。太阳下山的时候，汶水有事外出，回来得迟了，我一看，是位上年纪的老者。才说上几句话，他就急忙起身，说：“我的拐杖落在什么地方了。”便离开了。我心想：“今天我怎么可以就这样白白地离开呢?”过了很久汶水才回来，此时已经是晚上八九点了。他斜眼看着我，说：“你还在这里呀！你留下来是为了什么事呢?”我说：“我仰慕您老人家很久了，今天如果不能畅饮汶老的茶，我绝不会离开。”汶水听了很高兴，就去生炉子煮茶。

茶很快就煮好了，有如风雨顷刻即至。

他把我带到一个房间，窗明几净，摆放着荆溪壶、成窑和宣窑烧制的十几种瓷瓯，件件精妙绝伦。在灯光下细细察看茶的颜色，与瓷瓯并无分别，而茶香馥郁逼人，我不禁叫绝。我问汶水道："这茶出自何处？"汶水说："是阆苑茶。"我又啜饮了一口，说："您老别骗我，这是用的阆苑茶的制作方法，味道却不像阆苑茶。"汶水偷笑着说："那客人认为这茶产自何处？"我再啜了一口说："怎么和罗岕茶如此相似？"汶水吐着舌头惊讶地说："奇了，奇了！"我问道："这水用的是何处的水？"他回答说："惠泉。"我又说："别骗我了，惠泉从千里之外奔袭而来，一路颠簸折腾，仍然清冽甘美，这是什么道理？"汶水说："我不敢再瞒你了。取惠泉水时，一定要把井淘洗干净，夜深人静时，等候新鲜的泉水涌出，迅速把水打上来。运水时，要把惠山上的石子铺在水瓮底部，出发时船若不顺风就不行驶，以当地的石头来养这水。普通惠泉水的味道比这要差一大截，更何况其他地方的水！"汶水说完，又吐着舌头惊讶地说："奇了，奇了！"

话还没说完，汶水就离开了。一会儿，他手里拿着一把壶给我斟满了一杯说："客人请品尝此茶。"我说："香气扑鼻，味道浑厚，这难道是春茶？刚才煮的是秋茶。"汶水说："我已经七十岁了，所遇到的精于鉴茶的客人，没有一个比得上你啊。"我由此和汶水结为茶友。

## 龙喷池

卧龙山的龙首在耶溪，它的颌下有个深达百仞的大水池。六十年间，山峦和溪谷变迁，水道分流。崇祯己卯年（1639），我向太守请求发布檄文，捐款集资，召集众人，挖泥运土的有上千人，毁掉了三十多间房屋，开垦了二十多亩的土地，清除的瓦砾和杂草等废物装满了一千多艘船。水道蜿蜒曲折，池水清澈澄净，龙喷池没多久就恢复了旧貌。往日狭窄不通的地方，现在都可以恣意行船了。我高兴地作了一篇铭文："踢醒骊龙，使其在睡梦中突然惊醒；不避骊龙的逆鳞，挖开其壅塞的地方。池水澄澈深广，水波荡漾。夜阑人静时，水波清寒，池水盈盈，如明月般沉静。风雷滚滚时，龙喷池又如骏马奔腾，波浪滔天。"

## 朱文懿家桂

桂树以香山的最为有名，然而香山上的桂树大多都用来拱卫坟墓，坟山萧索凄寒，想长时间站在那儿欣赏是不可能的。单醪河钱氏家有两棵桂树，苍老颓败。唯独朱文懿公家宅院后有一株桂树，枝干粗壮如斗，枝叶繁密茂盛，树荫遮蔽一亩多地，可以摆放三四十桌客席。桂树的周围没有设亭子、屋宇、台阁、栏杆、砌石，任它在篱笆之间生长。开花的时候不让人进来观赏，连主人自己家人也不能前去，任凭桂树自开自落。

樗树和栎树材质不好，却得以善终，正是得益于无人照管。而百岁老人多出于穷苦人家，子孙们个个都讨厌他们身衰体弱、行动迟缓，这又怎么算得上是祥瑞呢？

## 逍遥楼

滇茶过去不易栽培，也没有树龄达八十多岁的老树。朱文懿公家逍遥楼的滇茶树，是陈海樵先生亲手种植的，枝叶扶疏茂盛，越老越繁茂。朱家的子孙们害怕老树承受不住累累花朵，每年花开的时候都要摘掉一满斛，但是留在枝头上的花依旧灿烂，映照得漫山遍野像着了火似的。

朱文懿是张无垢转世的，张无垢给朱文懿公降乩占卜，谈论前世的因缘，甚是明确，约定与文懿公某日在逍遥楼会面。文懿公在逍遥楼前站了很久，有一位老人过来了，两人畅谈了很久，文懿公也没有在意。后来老人对文懿公说："柯亭绿竹庵的房梁上有一卷残缺的经书，你可以接着把它完成。"片刻后老人告辞，文懿公这才醒悟过来，那位老人就是张无垢。第二天，文懿公跑到绿竹庵，检视房梁，果然找到一部《维摩经》，写得非常精良，最后两卷还没有抄完，正是张无垢的手笔。文懿公取下来把它继续抄完，笔迹竟和张无垢的一模一样。

先父说我家寿芝楼上供奉着乩仙，墙上悬着一支笔，遇到事情那笔就会自己动起来，拿起笔来它会自动书写，非常灵验。

怀孕祈祷生儿子的，生病祈祷良药的，它便赐予丹药，告诉人们在哪里取，立马就能应验。我父亲曾祈祷子嗣，乩文上显示说，在某个竹箱的临川笔里有丹药，但那个竹箱的钥匙丢失了，锁闭已久。父亲翻检查看，钥匙自己从觚管中掉出来，打开内有一粒金丹。我母亲服下金丹，不久就怀上了我。

文懿公有小妾，夫人陈氏为此非常跋扈凶悍，文懿公很是苦恼，于是向乩仙祷告，求能化解嫉妒的丹药。乩仙降下文书说："这事难啊，难啊！丹药在先生的枕头里。"文懿公取出丹药给夫人服用，她对别人说："老头子有仙丹，不给那些小妾们吃，只给我一个人享用，说明他最亲近的人还是我！"于是陈夫人与文懿公和好如初。

## 天镜园

天镜园内的浴凫堂，槐树高耸，竹林清幽，树荫遮天蔽日，千层万叠，静静坐着面对兰荡湖，只见一泓碧波荡漾，湖水林木明丽洁净，水中的游鱼、临水的飞鸟，宛若在天空中飞翔，竹柏倒影似藻荇交横。我在天镜园中读书，绿意笼罩着我，在幽窗下展卷，书上的字一片鲜碧。每年暮春时节，载着破塘笋的船只必从此地经过。轻快的小船从绿波之上飞驶而来，挖笋的人挑一株大笋抛到水面上，唤园子里的人说："捞笋！"仍旧划着船飞速离去。园丁划着小船到湖面上把笋捞上来，但见笋形如象牙，洁白如雪，鲜嫩如花藕，甘甜如蔗霜。煮笋来吃，滋味说不上来，只觉愧对如此美食。

## 包涵所

西湖的船上有楼阁，其实最初是副使包涵所建的。楼船分大小三号：大号设置歌席酒筵，有歌童唱歌；中号用来收藏字画；小号则储备着美女。涵老认为歌姬舞女不能和侍妾相比，便效仿石崇和宋祁家，让蓄养的家妓出来陪客。她们常常浓妆艳抹出来亮相，步履轻盈，身段袅娜多姿，穿花拂柳，引得客人们欢声阵阵。轩槛前、疏窗下，美人们轻歌曼舞，吹笛弹筝，声音宛如夜莺初啼。客人来了就安排歌童演唱戏剧，舞姬列队舞蹈，歌妓唱歌弹奏，无不精彩绝伦。客人们乘兴出游，一住便是十天，观看的人争相追逐，问他们游船到什么地方停泊。

南园在雷峰塔下，北园在飞来峰下。两座园林当中都是怪石林立，层层叠叠，奇峭险峻。这些石头也被当作溪涧之间的桥梁，不仅仅只是在山石上垒叠，而是别具匠心，颇有章法。大厅以抬梁式构架，饰以斗拱，中间减少了四根柱子，列队舞蹈和舞狮表演空间都非常宽敞。北园为八卦房，园子里的亭子按八卦阵分成八格，形如扇面。在亭子狭窄的地方，横放一张床，床上的帐子前后都可开合。里面的帐幔放下，则床朝向外面，外面的帐幔放下，则床朝向里面。涵老待在床中央，门上开了一扇明亮的窗户，焚着香料，倚着靠枕，八个格子里都看得到床。涵老穷奢极欲，在西湖边养老二十年。如金谷园、郿坞一样，没一处简朴清俭，处处豪华奢侈，这就像杭州人所说的：反正就这样了！西湖边的豪门大户什么世面没见过呢，连西施这样的美人都能被他们金屋藏娇。那些一天到晚仰天抱怨的人，只不过是些穷书生而已。

## 斗鸡社

天启壬戌年（1622）坊间流行斗鸡，龙山下有人设了个斗鸡社，我仿效王勃的《斗鸡檄》，写了檄文邀同社的友人斗鸡。我的二叔张联芳、秦一生每天带着古董、书画、文锦、川扇等物品作为赌注与我斗鸡，我的鸡屡屡得胜。二叔气急败坏，就把他的斗鸡脚上装上金属刺，翅膀戴上盔甲，凡是能够增强斗鸡武力值的办法，全都用上了。但他的鸡还是输了。有人说徐州武阳侯樊哙的子孙家有斗鸡，雄冠天下，长长的脖子乌黑的嘴，能啄食高桌上的粟米。二叔听了颇为心动，派人暗暗寻访，仍是没有得到，心中更加气愤。有一天我翻阅野史，看到有传言说，唐玄宗生于酉年酉月，因为喜欢斗鸡而使国家灭亡。我恰好也是酉年酉月生的，于是我再也不斗鸡了。

## 栖　霞

戊寅年（1638）冬天，我带着一个竹箱，和一个老仆游览栖霞山，在山上住了三夜。山峰上下左右鳞次栉比，岩石质地颇好，全都雕刻着佛像，与杭州的飞来峰一样，就如同遭受了刺面割鼻的酷刑，真是一大憾事。山顶上怪石嶙峋、高耸险峻，灌木苍翠蓊郁，有个疯和尚住在那里。我跟他交谈，只觉得他所言虽荒诞不经，却又谈吐不俗，有理有据，可惜不能打破砂锅问到底。傍晚，我爬上山顶看晚霞，与平日所见大不相同，我坐在石头上都看得痴迷了。我又走到庵的背后，见长江中帆影远去，老鹳河、黄天荡一条条横亘在山麓之下，心底油然生出山河寥廓之感。

有位客人在我面前箕踞而坐，对我打量好久，我上前向他作揖，问他是谁，才得知竟是萧伯玉先生。于是我坐下来与他畅谈，庵里的僧人煮茶给我们喝。伯玉先生又问及补陀山，我当年正好才从海边回来，谈起来很是熟悉。我写的《补陀志》刚刚完稿，放在竹箱底部，连忙拿出来给他看，伯玉先生非常高兴，给我作了序文。我们点起火把下山，先生拉我在他家留宿一晚，长夜恨短，我与先生无所不谈，十分尽兴。第二天先生又多留我住了一天。

## 湖心亭看雪

崇祯五年（1632）十二月，我住在西湖边上。大雪下了三日，湖中万籁俱寂，人与鸟皆杳无踪迹。这天晚上八点多，我牵一艘小船，身披裘毛衣服，拥着炉火，独自前往湖心亭看雪。树上结满雾凇，冰花一片弥漫，天与云、云和山、山跟水，上下连成雪白一片。湖上能看到的影子，唯有一条痕迹般的长堤、如一个小点似的湖心亭，以及我乘坐的如草芥般细小的舟子，船中两三粒黄豆大小的人而已。

到了湖心亭，只见有两个人在亭子里铺着毛毡相对而坐，一旁有个童子在烫酒，炉中热水正在沸腾。他们见到我大为惊喜，说："这时居然还有人来游湖！"于是拉了我一道喝酒。我勉强喝了三大杯就告辞。问及他们的姓名，知道他们是南京人，客居在此。等到我下了船，船夫嘴里念叨着说："不要说相公您痴了，还有比相公您更痴的人呢。"

## 陈章侯

崇祯己卯年（1639）八月十三日，我们陪侍叔祖南华老人在湖中画舫上夜饮，月亮初起时我们就回家了。一起陪宴的陈章侯惆怅地对我说："这么好的月色，你宁愿窝在被子里睡觉吗？"于是我让老仆带上一斗自家酿的酒，喊来一只小划船，再次来到断桥。陈章侯一个人喝酒，一会儿就酩酊大醉。过玉莲亭的时候，丁叔潜招呼我们把船停靠到北岸，拿出塘栖的蜜橘招待我们，我们吃得很是畅快。章侯醉卧在船上大声叫嚷。

岸上有一位女郎派童子传话问我们："先生的船能搭载我家姑娘到一桥吗？"我答应了。女郎高兴地上船，衣袂翩翩，体态轻盈，温婉娴静，美丽动人。陈章侯借着酒意挑逗女郎说："女郎有侠女风范，颇像红拂女，可否与我这个虬髯客一起饮酒?”女郎欣然答应。船行驶到一桥时，已经是二更天了，直到我们的酒喝光了女郎才离开。我们问女郎住在何处，她笑而不答。章侯想偷偷跟着她，等追到岳王坟，再也追不上了。

# 卷 四

# 不系园

甲戌年（1634）十月，我带着朱楚生住在不系园中观赏红叶。某日在定香桥，有八位客人不期而至，他们是南京的曾波臣，东阳的赵纯卿，金坛的彭天锡，诸暨的陈章侯，杭州的杨与民、陆九、罗三和女伶陈素芝。我留他们一起饮酒。陈章侯带了白色的绢帛给赵纯卿画古佛像，曾波臣为赵纯卿画像，杨与民弹奏三弦子，罗三唱小曲儿，陆九吹箫。杨与民又拿出一寸多长的界尺，倚靠在小几上，用北方腔调演说了一出《金瓶梅》，大家听得为之倾倒。

这天夜里，彭天锡与罗三、杨与民串演昆腔戏，演得妙极了；他又和朱楚生、陈素芝串演调腔戏，同样精彩绝伦。陈章侯唱起村落间传唱的小曲调，我弹琴为他伴奏，咿咿呀呀，像小孩子学说话。赵纯卿笑着说："遗憾我一无所长，只能给兄长们劝酒助兴。"我说："唐代将军裴旻守丧期间，请吴道子在天宫寺画鬼神壁画，以超度母亲的亡灵。吴道子说：'请将军为我舞一回剑，或许能借助您的威猛与阴间的亡灵沟通。'裴旻便脱下丧服缠在腰间，纵身跃马疾驰。他挥剑入云，高达十几丈，如闪电劈地直射，他拿着剑鞘承接宝剑，剑光直入房间，满室通透，围观的人无不惊悚战栗。吴道子扬起衣袖像风般飞舞，画作一挥而就。现在章侯为纯卿画佛像，而纯卿舞剑，岂不是正当其时吗！"赵纯卿闻言即刻跳起身来，拿起重达三十斤的竹节鞭，只见他跳起胡旋舞，连转数圈，逗得大家大笑不止才作罢。

## 秦淮河房

秦淮河沿岸的河房，适宜住宿和交游，也适宜寻花问柳，因此房价非常昂贵，即便如此，这里还是人满为患。画舫游船，笛箫鼓乐，人们来来往往，穿梭其间。河房以外，家家户户都有露天阳台，朱红的围栏、雕花的窗户，竹帘和纱幔轻轻摇曳。夏天沐浴后，人们聚集在阳台上闲坐。两岸的水楼里，茉莉花香随风飘散，男男女女身上都沾满香气。女客们手执团扇，身披绢衣，鬓发轻挽，妩媚动人。

每年端午节，南京城的男男女女满城出动来看灯船。有热心人聚集一百多艘小艇，船篷上挂上许多羊角灯，像是串起来的珍珠一样，船只首尾相连，有的甚至十几条船连在一起。船只相接如同一条条火龙，卷绕连接，盘旋曲折，水花火光交相激荡。船中鼓乐齐鸣，宴席间歌声阵阵、急管繁弦，热闹喧哗，人声鼎沸。男男女女倚靠在栏杆上纵声大笑，声音和灯光凌乱错杂，眼睛和耳朵都忙不过来。到了半夜，歌声渐疲，灯火阑珊，星星点点的光影也自行散尽。钟伯敬写的《秦淮河灯船赋》，将此情此景描绘得极其详尽。

## 兖州阅武

辛未年（1631）三月，我到兖州观看巡按御史大阅兵。阅兵阵队有骑兵三千，步兵七千，很是壮观。马蹄声、士兵的脚步声如同滔滔江水，开阔奔腾。观众的视线跟随着行进的队伍一起移动，待阵列猛地回转，又跟着回转视线。阵法玄妙，变幻无穷，指挥旗一挥动则战鼓擂响，队伍左右来回摆动，如疾风迅雨般。方阵列好，则向巡按御史呈上一幅军阵图，竖一块牌子，上面写着："由某阵变换为某阵。"连续变换了十几个不同的方阵，可叹的地方不在于整齐划一，而在于迅猛快捷。一百多个骑兵扮成敌军，从数里外的地方奔袭而来，烟尘滚滚。我军派遣的五个巡查骑兵，像五颗小小的黑色棋子，不一会儿就风驰电掣般回来，进入辕门报告敌情。

军中竖起大将军旗，擂响战鼓，用奇兵设下埋伏。敌兵突然而至，我军将他们一举擒获，俘虏被送到将军处报捷。军营内俊俏的少年装扮成三四十个女骑兵，身披兽皮毛毡，彩袖飘舞，轻挽发髻，在马背上表演杂技，上下颠倒，横竖伸展，凭借坐骑翻转腾挪，柔若无骨。又在马背上演奏音乐，三弦、胡拨四、上儿密失、叉儿机、僸侏兜离等各种乐器无所不有。在巡按御史的酒筵前演唱，北方的俚俗曲调，演唱得精妙绝伦。这一年，军中参将是罗某，他是北方人，参加表演的都是他豢养的歌童和妾室，很是俊俏靓丽。若是换成其他人来表演，未必能如此精彩啊。

## 牛首山打猎

戊寅年（1638）冬天，我在南京，与同族人隆平侯和他的弟弟勋卫、外甥赵忻城，贵州的杨爱生，扬州的顾不盈，以及我的朋友吕吉士、姚简叔，侍姬王月生、顾眉、董白、李十、杨能一等人一起打猎，他们都穿上戎衣，侍姬也是一样。侍姬穿的是大红色的锦狐嵌箭衣，头上戴着昭君套帽，骑着款段马。臂上架着猎鹰，牵着猎犬，有一百多个射手随行，旗帜招展，棍棒威赫，出了南门，在牛首山前后狩猎，尽情驰骋，极尽纵乐。我们总共猎得一只鹿、三只麂、四只兔子、三只野鸡、七只猫狸。之后我们在献花岩看戏，晚上留宿在祖堂山。第二天午后打猎归来，我们用猎获的鹿麂犒赏随从，又在隆平侯家开怀畅饮。江南人不知道打猎是干什么，我以前也只是在图画和戏剧里见过，今日亲身体验，果真雄豪畅快。然而此事须得豪门富户才行，寒门小户是断断办不成的。

## 杨神庙台阁

枫桥镇的杨神庙，每年九月份迎台阁。十年前，迎接台阁仅仅是简单的表演台阁戏而已；自从骆氏兄弟主持迎台阁后，就一心琢磨着从思想意趣、才思雅致上下功夫。扮演马上故事，二三十个骑手扮演一本传奇，年年换新剧本，就算是连演三天，也天天换新样。演传奇故事的演员必须长得跟剧本中的人物非常相像才能参演，且都是在没有装扮之前由大家来评判此人像剧中哪个人物，如果不能让每个人看了之后大赞绝妙则弃之不用。迎接台阁后，如果有人扮演胡琏，人们以后就直接喊他胡琏，久而久之所有人都喊这人叫胡琏，而这人的真实姓名反而被遗忘了。

演员选定之后，再商议装扮的法子。必定会不惜重金给演员装扮。如果某人的长袍铠甲需某种颜色、某种缎料、某种花样，就算花费几十两银子也在所不惜。每顶冠带、每双鞋子，都衬托出主人公的全部精神气质。主人的朋友当中有擅长描摹刻画人物的，早一个月前被就聘请过来，任其挥洒精巧的构思创意。装束准备停当，先彩排，如果不是人人叫好也不用。所以，每一个人、每一匹马，其中的意趣匠心，都如把玩古董名画一样，每一根线条都不肯轻易带过。

当地人遇到小灾小祸，就拿一面小白旗，到杨神庙里祈求消灾，小白旗积满了仓库。迎台阁这天，在每根竹竿上穿三四面小白旗，一人手持三四根竹竿走在神像前面，后面跟着的队伍长达七八里，犹如几百万只白色蝴蝶，在山坳间、树影里盘旋聚集，从四面八方赶来观看的有几十万人。人们在枫桥下聚起集市，有摆地摊的，有搭凉棚的。台阁上或马上若有金银珠宝掉落地上，捡到的人好像被什么东西依附了一样走不开，必须得把捡到的东西还到神像前才行。若有金珠宝石遗落在田间树林里，只要到神像前询问，神明就会指示遗落的地方，屡试不爽。

## 雪 精

我的外祖父陶兰风先生，在寿州做副职的时候，得了一匹白色的骡子，连蹄子都是雪白的，一天能行两百里路，外祖父将它蓄养在官署中。寿州人得了噎嗝之症，就接一点骡子尿来治疗。每到官府放告的日子，讨要骡子尿的状纸就有十几张。外祖父把木香浸泡在骡子尿里，贴告示让老百姓来取用。后来外祖父解官归田，他去世后，我舅父嗇轩先生把这头骡子送给了我。我养了它十多年，实在是没给它准备过一天的草料，白天晚上都任由它自己外出觅食，看它肚子似乎也没挨过饿，然而也不清楚它是怎么觅食的。天亮的时候，它必到门口恭敬地候着，走进马厩里等主人驱使，到了中午不用骑它，它仍然像往常一样出去觅食。后来这头骡子越来越骄横暴戾，难以驾驭，只有见到我才会驯服安静，我跨上马鞍，它似箭般飞驰，若换了别人则咆哮不已，又踢又咬，用尽各种手段鞭打驱赶，它都不听话。有一天，它与一匹疾驰的马在城垣争道，失足坠下护城河死了，我命仆人将它埋葬，给它起了个谥号叫作“雪精”。

## 严助庙

陶堰有座司徒庙，是汉朝会稽太守严助的祠庙。每年元宵节设台上供，主事者把整个家族的人都聚集起来谋划一整年的事情。凡是山上粗野凶猛的动物（像老虎、豹子、麋鹿、獾猪之类），海里混沌憨朴的鱼类（像江豚、海马、鲟黄、鲨鱼之类），陆地上痴肥呆滞的牲畜家禽（猪必定要上三百斤，羊必定要二百斤，一天要更换一头。鸡、鹅、凫、鸭之类的，不是特别肥的就不拿来上供），鲜活的水产（虾、鱼、蟹、蚌等，都是活蹦乱跳的），羽毛整齐的禽鸟（像孔雀、白鹇、锦鸡、白鹦鹉之类，直接用活物供奉），皮毛细密的动物（白鹿、白兔、活貂鼠之类，也是拿活物供奉），以及非当地所产之物（福建的新鲜荔枝、龙眼，北京产的苹婆果、沙果、文官果之类），非当季所产之物（桃、梅、李、杏、杨梅、枇杷、樱桃之类，收藏保存得像刚刚采摘的一样新鲜），非祭礼规定的（像熊掌、猩唇、豹胎之类），非食物原味的（像酒浸渍的食物、蜜饯之类），稀奇古怪的（像云南蜜唧、峨眉雪蛆之类），难以想象的（像天花、龙蛋、雕镂瓜枣、捻塑米面之类），无所不集。这里供奉的品类之盛，就算是帝王家的宗庙社稷摆的祭品也无法相比。

正月十三日那天，用二十艘大船装载着供奉祭品的运载车辆，小孩子们则扮演故事，也没有什么章法，纯粹图个人多热闹。城里人、乡下人，水路陆路竞相追逐，跟随着大船兜兜转转，这就是所谓的“看灯头”。而且每天晚上都在庙里演戏，请来的戏班子一定是越地中上三等的，也有从杭州那边雇请过来的，每天的演出费用就要花费几万钱。唱《琵琶记》和《荆钗记》时，有位老者坐在舞台下面对台本，只要发现漏掉一字，观众就跟着鼓噪起哄，只得又从头开始演。越地中所谓的“全伯喈”“全荆钗”之名就由此而来。

天启三年（1623），我们兄弟几个与南院的王岑、老串客杨四、徐孟雅及圆社的河南人张大来等前往严助庙观看庙会。到了庙里，我们玩起了蹴鞠，张大来技法高超，素来有“一丁泥”“一串珠”的名头。球一碰到他的脚，就旋转翻滚自如，就好像他的脚上有胶粘住了球，提拉时有线拴住了球，穿插运球时有孔相连通一样，人人叫好称绝。戏演到一半，王岑扮演李三娘，杨四扮演火工窦老，徐孟雅扮演洪一嫂，十二岁的马小卿扮演咬脐郎，表演《磨房》《撇池》《送子》《出猎》四出戏。他们插科打诨、唱曲说白无不精妙绝伦，让人叫绝。之后我们就乘船而归。剩下那场庙会戏，已被我们这些客串的演员们夺了气焰，锣鼓也敲不响，灯火也都不明亮了。

## 乳　酪

乳酪自牲畜贩子的手里做出来，已失去了它原本的气味，再也不好吃了。我自己养了一头奶牛，晚上把牛奶挤下来放在盆里，等到天亮的时候，乳花一团团簇起一尺来高，用铜锅煮了，然后煮些我三叔手制的兰雪茶，一斤牛奶里加进四杯兰雪茶汁，反复煮沸。煮好后，似玉液琼浆，如霜雪般鲜腴细腻，轻吹一口，香气如兰，沁人心脾，真是此茶只应天上有啊。或者用美酒、花朵的汁液将乳酪混在一起，放在甑上蒸了，最好趁热吃；或用豆粉掺和，过滤成乳酪豆腐，放冷了再吃最妙；又或者用油煎成奶酥，或做成奶皮，或卷束成饼，或加酒凝固，或用盐浸渍，或用醋腌拌，皆妙不可言。而苏州的过小拙将蔗糖掺进乳酪，经过熬、滤、钻、掇、印等工序，制成的带骨鲍螺，简直是天下至味。其制作工艺秘不外传，被锁在密室里，用纸加上封印，即便是父子也不轻易相传。

## 二十四桥风月

扬州的二十四桥风月，只有邗沟桥尚保留着残迹。渡过钞关，有九条巷子绵延横陈了半里。巷子说是九条，但其周围，曲折盘旋在大巷子前后左右的小巷子，则多达几十上百条。巷口狭长曲折，节节寸寸紧相连接，这里房舍精致隐秘，名妓与下层妓女混杂居住。名妓躲在房中不轻易见客，没有向导的引领根本就进不去。普通妓女多的时候有五六百人，每天傍晚，梳洗打扮，焚香熏衣，走到巷口，流连徘徊在茶楼、酒馆门口，这就是所谓的“站关”。

茶楼酒馆和堤岸上下有上百盏纱灯，灯光掩映，各色妓女穿行其间，脸上有疤痕长得难看的，隐在帘子后，脚大的就站在门槛后面。灯火昏黄，月色幽暗，根本看不出她们的本来面目，所谓的“一白能遮百丑”，全是脂粉的功劳。过往行人穿梭往来，擦亮眼睛到处窥视，有看上眼的妓女，到她跟前拉起就走；而有时妓女会忽然亮出身份，恭敬地指引客人先行，自己则慢慢跟过去。到了巷口，有探子朝巷门里大声呼唤：“某姐有客人了！”巷子里答应的声音像雷一样响亮。茶馆里剩下的妓女们便举着灯火跟出去，剩下来的只不过二三十人。

二更时分，夜色渐沉，灯光烛火将要燃尽，茶馆里黯淡无光，悄无声息。茶馆的伙计不好意思赶妓女们出去，只好连连打着呵欠，而妓女们便凑钱向茶馆伙计买一寸多长的蜡烛，以便等候迟来的客人。有的发出娇嗔的声音，唱《劈破玉》等小曲；有的互相调笑嬉闹，故意热闹，给人造成时辰尚早的假象；然而这些欢声笑语还是渐渐透出凄凉的意味。夜半时分她们终得离去，轻手轻脚地在暗夜中摸索着回去，至于见了老鸨是挨饿还是挨打，就不得而知了。

我的族弟张卓如，长着漂亮的胡须，是个情痴，很爱笑，每次到了钞关必定要找妓女玩乐，还向我笑说："弟弟我今天找的乐子，不比当年西晋的王恺少。"我问："这是为什么呢?"他说："王恺有几百个侍妾，到了晚上都眼巴巴地希望得到宠幸，然而侍寝也不过一人而已。我路过钞关，几百个美人对我暗送秋波、心神招引，把我当作潘安一样的美男子，我颐指气使，任意挑拣，一定要找一个合意的人来侍候我。这等快事王恺哪里能比得上呢?"说完又大笑，我也跟着大笑起来。

## 世美堂灯

我小时候骑跨在老仆人的脖子上去逛街，曾经见过王新建家的花灯。花灯无不贵重华美，烧珠灯、料丝灯精美绝伦，即便普通的羊角灯也要描金粉，仔细刻画，用璎珞装饰罩在灯上。家里悬挂着上百盏灯，还需持着蜡烛才能行动，这令人很是烦闷。我见《水浒传》里的“灯景诗”说：“楼台上下火照火，车马往来人看人。”已然道尽看灯的道理。要我说，灯不在多，但明亮是必须的。我每次挂彩灯，必定选用粗大如椽的蜡烛，让几个人专门负责剪灯花、除灰烬，所以烛光迸射，照进重重叠叠的院墙，再微小的东西也能看得见。

十年前，邻里有个姓李的人，在闽中任县丞，巡抚大人委托他造几盏灯，他挑选了几个专门雕刻佛像的匠人，工艺巧妙绝伦，花了两年时间制作了十架彩灯。等灯做好，巡抚大人却已经去世了，他又把这十盏灯带了回来，收藏在匣子里。又过了十几年，他知道我喜欢灯，便把这些灯全都送给我，我给了他五十两银子作为酬谢，不及这灯价值的十分之一。我把这些灯作为主灯，又用烧珠灯、料丝灯、羊角灯、剔纱灯等各种彩灯作为辅灯。

我有一个朋友叫夏耳金，擅长剪彩纸，手艺巧夺天工，在剪成的彩纸外面罩上冰纱，有烟笼芍药的情致。更有的用粗铁丝扎成骨架模型，再匠心独运扎出花样，剔纱工艺是用的蜀锦，其纹理界限鲜艳明丽，能照出人影来。夏耳金每年上供镇神，必定要制作一盏灯，等到上完供之后，我都出高价从他手里买灯。我的一个小仆人颇会收藏物品，即使是纸做的灯也能保存十年不坏，因此我的灯越来越多。我又从南京赵士元那里得到夹纱屏灯和几副灯带，都是鬼斧神工，绝不像出自凡人之手。

元宵节时，我把所收藏的灯全都拿出来点上，一时灯火鼎盛。鼓吹弹唱，我家里的仆人们个个都会。有个老仆人善于制作盆花类型的烟花，夏天的时候用羊毛捣练泥墩，高二尺多，做成“地涌金莲”的式样，燃放时声如雷响，绽开的烟花能遮盖一亩多地。这时无须锣鼓铙钹，直接清吹唢呐来应和烟花。烟花缓慢则唢呐悠扬，烟花急促则唢呐激越；烟花窜得高，则唢呐高亢明亮，烟花落到低处，则唢呐低回婉转。有了彩灯却不演戏，则赏灯的意味就不够酣畅；而没有列队舞蹈和鼓吹乐器，则灯焰也黯淡。我让年轻的仆人们串演元杂剧四五十本，每演出四回就上一个列队舞蹈，鼓乐演奏一回，再弹琴拉弦一回。其间的浓淡繁简、松散与密实之妙，全都在主人所处的位置。如果换了别人或是换了别处，自然是不能达到此番境界。所以越中人夸耀花灯的盛况，一定会提到“世美堂灯”。

## 宁 了

我祖父母喜欢养一些珍贵的禽鸟，他们养了三对舞鹤、一对白鹇、两对孔雀、一只吐绶鸡，还有白鹦鹉、鶺哥和绿鹦鹉等十几架。有一只奇异的鸟名字叫“宁了”，身子像鸽子那般大小，黑色的翎毛像八哥，能模仿人说话，说得一点都不含糊。祖母呼唤婢女，“宁了”就应声说道：“某丫头，太太叫！”有客人来了，它就叫道：“太太，客来了，看茶！”有个新娘子喜欢睡懒觉，黎明它就呼唤道：“新娘子，天明了，起来吧！太太叫，快起来！”新娘子如果还不起床，它就骂新娘子：“新娘子，臭淫妇，浪蹄子！”新娘子对它恨之入骨，放了毒药把它给毒杀了。我怀疑“宁了”就是“秦吉了”，生长于四川叙州，能说人话。曾有个外族人把它买回去，结果秦吉了不肯入胡地，它说：“我是汉地的鸟，不进入夷地。”于是受惊而死，它的灵异程度与“宁了”非常相似。

## 张氏声伎

谢安家中不蓄养歌伎，他说：“害怕过于精通音乐而陷进去（畏解），所以不蓄养歌伎。”王羲之说：“年纪大了就靠丝竹乐器来消愁解闷，又总是担心儿孙们通晓（畏觉）。”一“解”字，一“觉”字，古人用字真是深刻而准确。大概音乐是最容易触动人心，一陷入就不能自已，一通晓就情难自禁了。

我家蓄养的声伎，是前朝所没有的。自从我祖父在万历年间与范长白、邹愚公、黄贞父、包涵所诸位先生讨论探究歌伎之事，便破天荒地组建了戏班子。有“可餐班”，以张彩、王可餐、何闰、张福寿最为出名；其次则是“武陵班”，以何韵士、傅吉甫、夏清之最为出名；再次则是“梯仙班”，以高眉生、李岕生、马蓝生最为出名；再次则是“吴郡班”以王畹生、夏汝开、杨啸生最为出名；再次则是“苏小小班”，以马小卿、潘小妃最为出名；再次则是平子的“茂苑班”，以李含香、顾岕竹、应楚烟、杨騄駬最为出名。主人对声乐的了解一日比一日精深，而婢仆们的歌唱技艺也是愈来愈好。

我已年过半百，奴婢从年纪小的换成老的，又从老的换成孩子，再换成老仆，总共更换了五次。无论是“可餐班”还是“武陵班”的那些人，都已如三代的古物，不可能再看见了；“梯仙班”“吴郡班”中还有几个活着的，也都是弯腰驼背的老人；而“苏小小班”中的人也多半不在人世了；“茂苑班”则是我弟弟最先去世，其他伶人也换了主人。我现在也是一个步履蹒跚的老人了，但对于音乐戏曲的鉴赏能力还在，对于碧眼小儿孙权，以及波斯媚猪还是能分辨美丑的。我就像个从海上归来的山中人，种种奇珍海鲜都存在我的眼中，请乡人们一起来舔舐我的眼珠吧。

## 方　物

说起越地馋嘴赏味的人，没有谁能超过我，我最喜欢各地的土特产。北京的苹婆果、黄鼠、马牙松，山东的羊肚菜、秋白梨、文官果、甜子；福建的福橘、福橘饼、牛皮糖、红腐乳；江西的青根、丰城脯；山西的天花莱；苏州的带骨鲍螺、山查丁、山查糕、松子糖、白圆、橄榄脯；嘉兴的马交鱼脯、陶庄黄雀；南京的套樱桃、桃门枣、地栗团、莴笋团、山查糖；杭州的西瓜、鸡豆子、花下藕、韭芽、玄笋、塘栖蜜橘；萧山的杨梅、莼菜、鸠鸟、青鲫、方柿；诸暨的香狸、樱桃、虎栗；嵊县的蕨粉、细榧、龙游糖；临海的枕头瓜；台州的瓦楞蚶、江瑶柱；浦江的火肉；东阳的南枣；山阴的破塘笋、谢橘、独山菱、河蟹、三江屯蛏、白蛤、江鱼、鲥鱼、里河鰦。

远的就一年去买一回，近的就一个月买一回，再近一点的就一天买一回。每天急眉赤眼尽想着这些口腹之欲，罪孽固然深重。可现在想来，四方兵乱连连，土地寸寸割裂，钱塘江一衣带水，尚且不敢轻易渡江而去，那么我以前四处搜罗美食，不能不说是我的福泽了。

## 祁止祥癖

一个人若没有癖好，就不可与之交往，因为这样的人没有深挚的感情；一个人若没有缺点，也不可与之交往，因为这样的人没有真性情。我朋友祁止祥喜好书法绘画，喜好蹴鞠，喜好敲鼓打钹，喜好看鬼戏，喜好梨园戏曲。壬午年（1642）我到南京，祁止祥让娈童阿宝出来见我，我看了说："这西方的迦陵鸟一般的尤物，你是从什么地方得来的?"阿宝妖艳如同少女，又娇痴顽皮，故意作态，装作羞涩，不肯依附于人。如同吃橄榄，吃时觉得没有味道，而回味甘甜；又如同抽烟喝酒，虽难以下咽，身体却柔软得像喝醉了酒一样。起初好像很招人讨厌，过后却又不由得思念他。止祥精通音律，他用咬钉嚼铁般的毅力，逐字百般磨炼，亲口传授，阿宝辈渐渐也能理解主人的意思。

乙酉年（1645），南京失守，止祥奔逃归家，路上遇到山贼，山贼们把刀剑架在他脖子上，正当性命岌岌可危时，幸亏阿宝这个宝贝才保住了性命。丙戌年（1646），止祥驻守台州，担任监军，乱民肆意掠夺，止祥的行李包裹被洗劫一空，阿宝沿途卖唱，养活主人。等回到家半个月，他又携着阿宝远走高飞。止祥离开妻儿像扔掉破鞋一样毫不珍惜，唯独视娈童为命根子，他这癖好也实在太独特了。

## 泰安州客店

泰安州境内的客店，不能简单地只当客店看。我去泰山进香，离客店还有一里多地，就看见二三十间驴槽马厩；再走近一点，有二十多处戏子的房间；再近一点，则是隐蔽的房舍，里面住的都是妖娆艳丽的妓女。我以为整个泰安州都是这样，却不知仅仅是这座客店如此。

到此投店的人，先要到一个厅堂里登记姓名挂号，每人缴纳三钱八分的例钱，还要缴纳一钱八分的山银税。房间分为三等，下等客房早晚餐都是素食，中午在山上用素酒、果仁充饥，这就是上香程序中所谓的“接顶”。夜晚回到客店，摆设酒席恭贺，听说烧香之后求官得官，求子生子，求财来财，所以称为“贺”。“贺”也分三等：上等设有专席，有糖饼、五种果子、十个菜肴、果仁，还有人演唱戏曲；次一等的两个人一个席位，也有糖饼、菜肴、果仁，也有戏曲可看；最下一等的是三四个人一个席位，也有糖饼、果仁等，但是不唱戏，只有人弹唱。统计一下这个客店中演戏的台子就有二十多处，弹琴演唱的人更是数不胜数。厨房也有二十多间，往来奔走的仆役有一两百人。

下山后，客人喝花酒找妓女寻欢作乐，为所欲为，天天如此。像这样上山下山的客人每天都有，新客房和旧客房互不重叠，荤腥和素食的厨子也不混杂，迎来送往的小厮仆役也各司其职，这就让人觉得深不可测了。泰安州里，和这家店相似的店还有五六家，更是令人惊奇。

# 卷　五

# 范长白

范长白的园子在天平山脚下，无数石头聚集在此。山势像龙一样难以驯服，石头皆如笏板一样矗立，园子旁是范文正公的墓地。园外有一抹长堤，桃柳掩映其间，小桥曲折盘旋湖面，桥的尽头就是园子，园门故意做得低小，进门则是长廊和重叠的石壁，一直通到山脚下。那些缯楼幔阁、密室曲房，都被刻意隐藏起来，不让人看见。

山的左边是桃源，峭壁间回旋的水流湍急，桃花漂在水面上片片流出。右边是孤山，种了上千株的梅花。渡过溪涧便是小兰亭，茂密的树林，修长的竹子，用以漂流酒杯的弯曲的水道，兰亭有的这里样样都有。竹子粗壮如椽，明静清雅，美好洁净，将之打磨光滑如同扇骨，这是兰亭所没有的。此地景观，一定用的是古迹名，名字也必是古人所取，这就是主人学问的体现。但凡种了桃树就叫桃溪，种了梅树就叫梅屿，种了竹子便叫竹林，我觉得都可以另取别致的名字，不必仰古人鼻息。

入园后，园主人出来与我相见。他和我祖父是同乡，以容貌奇丑而闻名。当日他刚做官的时候，我祖父开玩笑说："都说丑日丑时不能举行戴冠之礼，范年兄倒是走马上任了呀！"人们把这话传为笑谈。我急着想见他一面。等他出来一看，相貌果然奇特，就像羊肚石雕刻的一只小猕猴，鼻子像唱丑角的涂了白灰，颧骨面颊好像残缺不全、东倒西歪的样子。主人穿戴十分精美整洁，就像是在嘲笑逗乐他的容貌不应如此。

在开山堂喝酒，堂内镂空的窗户帘幕悬垂，极尽奢华，秘阁内传出优美的歌声，丝竹之声悠扬飘荡，似乎从层层石墙里穿透而出，我明白这是他家乐伎在歌唱弹奏。喝完酒后，又移席到小兰亭。等到天黑，我便告辞回去。主人说："再坐一会儿，欣赏一下'少焉'吧。"我不明白是什么意思，主人说："我们乡里有一位缙绅先生，喜欢掉书袋，因为苏轼《前赤壁赋》里有'少焉月出于东山之上'的句子，所以就给月亮取了个名字叫'少焉'。刚才所说的'少焉'就是指月亮。"于是我便留下一起赏月，夜色果然美妙。主人说："各地的客人来到这里，都来不及欣赏我这小园里的雪景。园中山石幽深峭拔，积雪如银色的浪涛翻卷，掀翻五泄瀑布，捣碎龙湫深潭。这世间的奇伟景观，只可惜不能让你见到。"我踏着月色走出园子，到了元墓山，留宿在葆生叔的书画舫中。

## 于　园

于园在瓜洲埠的五里铺，是富豪于五所的园子。如果不是地位显赫之人投名帖，园主是不会让人进去的。葆生叔在瓜洲任同知时，曾带我去于园游览，主人对我们殷情款待。

园中也并没有其他特别的，唯一奇特的就是用石块堆砌的假山。大堂前面的石坡高二丈，上面种了几棵果子松，沿着山坡种了牡丹和芍药，人不能攀爬上去，奇在石头垒得严严实实没有缝隙。后厅临着一个大池，池中奇峰凸起，峭壁林立，十分险陡。人在池底行走，抬头能仰望莲花，那莲花竟像是生长在天上一样，奇在用石头营造出空灵飘逸的意境。卧室的门槛外面，一个深谷旋转而下，像螺蛳缠绕，又奇在用石头营造出幽暗深邃的气氛。再往后是一个水阁，狭长如小艇，跨过小河，四周的灌木葱葱茏茏，鸟儿啾啾唧唧，恍如置身深山密林中。坐在其中，但觉寂然，坠入在一片幽深的碧绿里。

瓜洲的那些园林亭阁，都是以假山闻名，这些假山脱胎于石头，孕育于垒石人的手中，诞生于构思精巧的主人心中，所以我能到于园一饱眼福便无憾了。仪征的汪园，光是运石头就花费了四五万钱，园主人最加意的是飞来峰，但是飞来峰阴森且满是泥泞，徒然遭人唾骂。我见主人丢弃在地上的一块白色石头，高一丈，宽二丈，十分肥痴，而妙就妙在这肥痴；又有一块黑色的石头，宽八尺，高一丈五尺，十分纤瘦，而妙也正妙在这纤瘦。得到这两块石头就足够了，还可以省下两三万钱，坐在家里收取利息，世代守着这两块石头，不更好吗？

## 诸 工

竹匠、漆匠、铜匠和窑匠，属于卑贱的工匠。嘉兴的腊竹手艺，王二的漆竹手艺，苏州姜华雨的筠箓竹器，嘉兴洪漆匠的漆器，张铜匠的铜器，徽州吴明官的窑器，这些人都是靠竹器、油漆、制铜、烧窑的手艺出名起家的，而现在他们与大人先生可以平起平坐分庭抗礼了。那么，天下有什么职业不可以让人尊贵显赫呢，只是有些匠人自轻自贱罢了。

## 姚简叔画

姚简叔的画可以流传千古，其人也是千古不朽。戊寅年（1638），姚简叔客居于魏国公徐弘基府上，魏府尊其为上宾。我寓居在南京桃叶渡，和我往来的只有闵汶水、曾波臣一两个人而已。姚简叔和我从无交道，某日他来拜访我，与我一见如故，于是就留下和我同住。他悄悄为我料理柴米油盐的琐事，不让我知道。一有空他就拉我到秦淮河边的酒馆里喝酒，两人喝得大醉而归。南京城里凡是与姚简叔有交情的，无论是达官显贵、富商阔佬，还是亲朋好友、僧侣道人，又或高士名妓等，他必定介绍给我认识，无一遗漏。

他和我一起住了十天，有老仆人来找，我才知道他有个妾室还在魏国公府上。简叔敦厚诚恳，学识渊博，却不露锋芒，为人落落寡欢，独来独往，与人保持礼貌的距离。和我结交却不知道何故，反而是求之不得。一次我们一同到报恩寺访友，友人拿出上百幅画，都是宋朝和元朝的名家手笔。简叔的眼光好像都穿透了层层画纸，倚靠在梧几上入神深思，面无表情。

回来之后，他为我仿画了苏汉臣的画：一幅图中，一个小孩扶着浴盆洗澡，一只脚放到水里，另一只脚退缩着想要出来；宫人蹲在浴盆旁边，一手夹抱着小孩，另一只手为小孩擤鼻涕；旁边还坐着一个宫女，一个小孩洗完了澡趴在她的膝盖上，宫女为他穿短袖衣服。另一幅图中，宫女们盛装站立一旁等候着什么，双鬟拖在脑后；一个侍女捧着盘子，盘子里摆放着两个茶瓯，那神色好像是对着客人；一个宫女托着盘子，为客人整理茶匙，举止端庄，谨慎恭敬。我拿原图来对比，一笔都不曾画错。

## 炉峰月

香炉峰高耸入云，山谷回旋，峰峦层叠，陡峭耸立，杂乱无章。千丈岩犬牙交错，两块石头相距一丈多宽，向下俯视，腿脚发软，吓得人战战兢兢不敢再往前走。王文成少年时曾跃过这个间隙，人们都佩服他的胆量。我的叔叔尔蕴用毛毡裹住身体，攀着绳子下到谷底，我则带着两个樵夫从谷底攀爬而上，真的都是痴傻之人。

丁卯年（1627）四月份，我在天瓦庵读书，午后同两三个朋友登上山顶看落日。一个朋友说："稍微等一会儿，等月亮出来了我们再走。这样的美景错过了就很难再有机会了，就算是遇到老虎，也是我们的命数。况且老虎也有自己的习性，晚上就到山下寻找猪狗当食物了，难道它会到山上来看月亮吗？"他说得也有道理。于是我们四个人就盘坐在金简石上看月亮。

这天正是十五，太阳下了山，月亮就升起来了，山中的花草树木发出奇异的光芒，四野俱寂，心底突然生出恐惧来。月色皎洁，路途明朗，我们拄着拐杖相互扶携着下山。还没走上几步，听到半山腰上有呼喊叫嚷声，原来是我的仆人和山上的僧人共七八人，他们打着火把，拿着短刀和木棍来找我们，担心我们遇到老虎而迷了路，所以就沿着山路叫喊。我大声回应他们，他们飞奔过来，搀着我们下了山。第二天，山那边有人传言说："昨天晚上八九点的时候，看到几十支火把，一百多个大盗从张公岭经过，不知他们是从什么地方来的。"我们几个人偷笑，并不说出真相。

谢灵运当年开山筑路，跟从者有几百人，太守王琇十分惊恐，以为他们是山贼，等到得知是谢灵运，这才安心。我们几个人这夜没有被当成山贼抓起来献给太守，也是够幸运的了。

## 湘　湖

西湖本来是田，挖田造湖，便成了湖；湘湖，本来也是田，挖田造湖，却没有变成湖。建西湖的人是苏东坡，他有意开凿一个湖，于是就有了西湖；建湘湖的人是任长者，他不情愿开凿湖，却勉力为之。任长者原本拥有几百顷湘湖田，是当地巨富。有个相面的人给他看相，说他会一夜之间变穷，任长者不信。县官想让湘湖蓄水，灌溉萧山的田地，颁布了诏令开凿湘湖，而长者的湘湖之田一夜之间尽失，于是一贫如洗，正如相面先生所言。

现在湘湖虽说是个湖，但还是可以种田，如果不插下插板，不修筑堰塘，那么湖水就会立刻干涸。所以湘湖里的水道，如果不是谙熟湘湖的人掌舵，船寸步难行。游览湘湖的人一定要到湖中去的话，就要找湖里的小船和认得湘湖水道的人，否则到十个地方就有三个地方已经淤堵，梗塞不畅。里湖和外湖用桥隔开，里湖的风景更加优美。

西湖只有个湖心亭，像眼中的黑眸，而湘湖中到处是小阜、小土墩、小山，杂乱地插在水面上，四面的山脚，层叠嶙峋，延伸到湖中，尤显奇崛峭拔。我觉得西湖就像名妓，人人都可以亲近把玩；鉴湖如大家闺秀，可以远远钦慕却不可玩弄；湘湖更像处子，腼腆害羞，就如女子尚未出嫁时。这是定论，不可随意更改。

## 柳敬亭说书

南京有个柳麻子，面庞黝黑，满脸疤痕，神色悠闲，不修边幅。他擅长说书，每日说一回书，要价一两银子。请他说书须在十天之前送来请帖和定金，但他还常常不得空闲。南京一时间有两个当红的人：一个是王月生，另一个就是柳麻子。

我听柳麻子说《景阳冈武松打虎》的故事，与书上的出入很大。他描摹场景，刻画人物，细致入微又增删得当，干净利落，并不唠叨。抑扬顿挫，声如洪钟，说到关键处，叱咤叫喊声如汹涌的浪涛，像要冲破屋顶。说到武松到店里打酒那一节，武松见店里一个人都没有，猛地大吼一声，店里空缸和瓦缸都嗡嗡作响。平淡之处他都能说得如此绘声绘色，细微到此境地。

主人一定要屏住呼吸，安静地坐下来倾耳听，他才开讲。只要稍微看见有人交头接耳，或听书的人打哈欠、伸懒腰、面露倦色，他就停住不说，所以不能勉强他。每到三更时分，他便擦拭桌子，剪亮灯芯，用素色瓷盏静静喝茶，款款开讲，其轻重缓急，吞吐抑扬，都合情合理，讲得入木三分。若是把这世上说书人的耳朵都摘下来听柳敬亭说书，恐怕他们都要惭愧得咬舌自尽了。柳麻子相貌奇丑，但是他口齿伶俐，眼波流转犀利，衣着干净舒爽，简直和王月生一样婉丽秀美，所以他们都受到人们的追捧，行情相当。

## 樊江陈氏橘

樊江的陈氏开辟了一片田地作果园，种了枸杞和菊花当围栏。自己种了麦子做成蒟酱，自种高粱酿酒，酿成的酒清香甘甜，酒色有如淡金蜜珀，饮酒的人都特别称道。陈氏自己种植水果和瓜类，用蜂蜜浸泡后做成青果蜜饯。种了上百株谢橘，青的果子不采，酸的不采，不是在树上自然红的不采，不经霜的不采，不连同果蒂一起剪下来的不采。因此所摘下来的橘子，橘皮宽厚饱绽，色泽金黄深沉，果瓤坚挺生脆，筋络一扯就剥离脱落，味道香甜鲜美。第四门、陶堰、道墟以及塘栖的橘子，都无法与之相比。

我每年必定亲自到他家橘园买橘子，宁愿迟一点、宁愿贵一点、宁愿少一点。买来之后，在黄砂缸里铺上一层金城稻草或者是干燥的松毛，将橘子收藏其中。过十天，稻草渐渐潮湿，就更换新的稻草。照这个法子一直收藏到来年三月底，橘子吃起来还是甘甜脆爽，就像刚摘下来的一样。枸菊城的主人种了上百棵橘树，一年就可以获利上百匹绢帛，橘树真不愧被称为木奴啊！

## 治沅堂

自古就有拆字占卜的方法。北宋宣和年间，成都的谢石善于拆字，预测祸福一说一个准。宋徽宗听说了，就写了一个“朝”字，让太监拿去试一下。谢石看了，仔细端详那个太监，然后说：“这个字并不是大人您写的。”太监听了很是惊愕。谢石说：“‘朝’字拆开来是‘十月十日’，是此月此日出生的天人，这莫不是当今皇帝写的？”这事传开后举国惊异。

我们越中谢文正公家的厅堂名叫“保锡堂”，后来宅子换了主人，主人一来就急忙撤了“保锡堂”的匾额，别人问他为什么，他说：“这上面分明写着‘呆人易金堂’。”朱石门为文选署的中堂匾额上写了“典剧”二字，继任的文选郎中对众吏说：

"你们知道石门公写这两个字的含义吗？这两个字拆开来就是'曲处曲处，八刀八刀'。"

歙州许相国的孙子许志吉担任大理评事，受魏忠贤的指使，办理卖黄山的案子，气焰嚣张，当地官员谄媚，给他送一块匾额，上书"大卜于门"。有乡人夜晚跑去给匾额上的字增减几笔，算起来共有三种改法：一种读作"天下未闻"，一种倒过来读作"阉手下犬"，还有一种读作"太平拿问"。后来直指官员提审问案，把许志吉押解到太平府受审，果然像匾额上所说。像这样的例子都很有意思。而我们家乡有位缙绅先生，他家厅堂取名叫"治沅堂"，人们都不解其意，缙绅先生笑而不答，再三追问，他说："也没有其他意思，也就仅仅取'三台、三元的意思而已。"听者无不喷饭大笑。

## 虎丘中秋夜

虎丘的八月中秋节，当地人和客居苏州的人，士大夫及其家眷、歌舞乐伎、青楼名妓、戏婆、民间少妇、良家妇女、小孩子和妖艳的美少年、浪子恶少、清客和帮闲，以及奴仆和骗子之类的人，全都聚集在虎丘。从生公台、千人石、鹤涧、剑池、申文定祠一直往下，到试剑石、第一道山门和第二道山门，全都铺上毛毡席地而坐，登到高处远远望去，就像平沙落雁，彩霞铺在江面一样。

天色昏暗，月亮初起，鼓吹奏乐的地方有百十来处，他们大吹大擂，十番锣鼓敲起来，渔阳掺挝奏起来，如天翻地覆，似雷声轰鸣鼎沸，呼唤喊叫声都听不见。晚上八点多钟，鼓声和铙声渐渐停歇，管弦丝竹之声渐起，夹杂着歌声，都唱“锦帆开”“澄湖万顷”的合唱曲子，喧哗嘈杂之声、锣声、丝竹之声、歌唱之声乱成一团，分不清节拍。

到了深夜，人们渐渐散去，士大夫及其家眷都乘船戏水嬉闹，每个席位都竞相歌唱，人人都献上一技之长，南方和北方的风格混杂，管乐器和弦乐器交迭演奏，听曲的人才辨出歌词，马上就开始品评鉴赏了。到了二更天，人声安静下来，管弦声屏息而止，只剩一缕洞箫，哀怨苦涩，清丽缠绵，与歌声相和，这样的乐声尚且还有三四处，更迭着演奏唱和。三更天，月亮孤悬，气氛肃穆，人声静寂，连蚊子、牛虻都消失不见了。有一名男子登场，高高地坐在石头上，既无箫声伴奏，也无节拍应和，声音起初细若游丝，忽又如山石崩裂，穿透云霄，抑扬顿挫，每唱一个字都如刻进听者心里。听者很快就体会到歌声细微之处的精妙，不觉心血为之枯竭，甚至不敢鼓掌喝彩，唯有一个劲地点头。而这么晚了竟还有一百几十个人像大雁行列一样整整齐齐地排坐在那里。若非是在苏州，哪能看到此番景象呢？

## 麋　公

万历甲辰年（1604），有个老医生驯养了一头大角鹿，用铁钳套住它的蹄子，用皮带套住它，给它戴上笼头，嘴里装上嚼子，骑着它行走，鹿角上挂着葫芦药瓮，根据病人的病情给药，病人服用了之后就立刻痊愈。我父亲看见了很喜欢，想要买下这只鹿，老人欣然应允，解下缰绳相赠，父亲花了三十两银子将鹿买了下来。五月初一是我祖父的寿辰，祖父身材伟岸魁梧，骑在鹿背上走了几百步，鹿就停下喘起气来。祖父常常命小仆给它戴上笼头，牵着它在山泽间游荡。

第二年，祖父带着它到云间，把鹿赠给了陈眉公。眉公身形羸弱消瘦，骑着鹿可以走二三里，非常高兴。后又携鹿到西湖六桥、三竺寺之间，眉公头戴竹冠，羽衣飘飘，在长堤茂密的柳树下往来行走，看见的人都啧啧称奇，称之为“谪仙”。后来眉公又号“麋公”，也是因为这头鹿的缘故。

## 扬州清明

扬州每逢清明，城里的男男女女全部出动，家家都去扫墓。即使一家有好几处墓地，也要在一天之内拜祭完。所以路上轻车骏马，水中箫鼓画船，路途曲折，来来往往不辞辛苦。小户人家也要携着酒菜纸钱，步行到墓地，祭祀过后，就席地而坐，享用祭祀用的酒菜。从钞关、南门、古渡桥、天宁寺到平山堂一带，华美的服饰、黑色的祭服遍布原野山川。

随处都有货郎，他们在路边摆设古董和小孩的玩具。赌徒们拿着小凳子坐在空地上，两边放着内衣、短袖衣、纱裙、汗巾、铜炉、锡壶、瓷盏、漆盒，以及猪肘、鲜鱼、秋梨、福橘之类的食物，呼朋引伴，把钱币投掷在地上，这叫“跌成”；或者是六钱，或者是八钱，或者是十钱，叫“六成”“八成”“十成”。类似的赌摊有百十处，人们围起圈子观看。

这一天，四方游走之人以及徽州、山西的商贾，或青楼名妓，所有的好事之徒都聚集在这里。长堤草木茂盛，人们骑马放鹰；高丘或者平冈上，人们斗鸡蹋球；茂密的丛林树荫层叠，人们拨弄阮咸、弹奏古筝。浪荡子弟相互扑打，小孩子们放着风筝，老僧讲解因果，盲人在说书，围观的人有的站着有的蹲着，熙熙攘攘，十分热闹。傍晚的时候彩霞漫天，车马纷杂。官宦家的淑女佳丽，撩开了马车帘幕，婢女丫鬟们疲倦返程，山花斜插在发髻上，簇拥而行，争先恐后地夺门而入。

我所见过的景象中，唯有西湖的春游、秦淮河的夏游、虎丘山的秋游，才能和扬州的清明踏青相提并论。然而那些景象都是团簇在一块，就如画家画出的一幅横批；扬州清明却像鱼贯龙门，雁过长空，舒展长达三十里，正如画家所画的手卷。南宋张择端所画的《清明上河图》，追忆描摹当年汴京的繁华热闹景象，有怀念故国山河之叹。而我眼睁睁亲览扬州清明踏青的热闹景象，怎么可能不追念当年呢？

# 金山竞渡

我看西湖的龙舟比赛也有十二三次了，己巳年（1629）在秦淮河的比赛我看过，辛未年（1631）在无锡看过，壬午年（1642）在瓜洲和金山寺都看过。西湖的龙舟竞渡，好看在竞渡的人，无锡也是如此。秦淮河有灯船却没有龙船，瓜洲的龙船是别处比不上的，而瓜洲的龙船又以金山寺的为最妙。

瓜洲龙船有一二十只，在龙船的船头船尾刻画，表现出龙愤怒的样子；龙船两边坐着的二十个人，手里都拿着巨大的船桨，展示他们的剽悍；中部搭了彩篷，前后张挂旌旗绣伞，呈现一派繁华绚丽的景象；敲锣打鼓，节奏鲜明；船艄后面摆放着一架武器，锋利无比；龙头上一个人表演倒足竖立，上下试探，随时都有掉下来的危险；龙尾悬着一个小孩，惊险刺激。

从五月初一到五月十五，每天都划定地方进行竞赛。五月初五那天金山寺赛龙舟，镇江也赛龙舟。现场惊涛骇浪、水沫横飞，群龙竞相格斗，偶尔有龙舟翻到旋涡里，水手们迅速地把船拉出旋涡，盘旋而出。金山上人头攒动，隔江相望，像蚂蚁、蜜蜂一样聚集在一起，蠢蠢欲动。到了晚上，千万只小船开动起来，两岸人群嘈杂，人声鼎沸。

# 刘晖吉女戏

女伶演戏要以妖冶的身姿让人满意，以舒缓柔曼的动作让人满意，以到位的仪态神情让人满意，所以女伶要靠技巧全面才能让人满意。而像刘晖吉家的女伶却并非如此。刘晖吉有奇思妙想，想要弥补梨园素来的缺憾。比如《唐明皇游月宫》这一场戏，女伶扮作叶法善上场，场上一时漆黑一片，只见手起剑落，听得霹雳一声响，黑色的帷幔忽然收束，天上露出一轮月亮，像圆规画出一般浑圆，四周用羊角灯晕染出五彩的云雾，中间坐着嫦娥，吴刚在砍伐桂树，白兔在捣药材。用轻纱罩住戏场，里面点燃几株“赛月明”烟花，青黄色的火焰绽放开来，恍若天刚刚亮，再撒下绸布做成桥梁的形状，唐明皇轻踏着月光漫步于月宫，境界十分奇妙，以至让人忘记这是在演戏。

到演舞灯的时候，十几个人手里各拿一盏灯，忽隐忽现，变幻莫测，简直令人匪夷所思，这样的场景若是让唐明皇看见了，一定会使他惊讶得目瞪口呆，会疑问戏台上怎么会有如此光怪陆离的景象呢?

彭天锡向我感慨说：“女伶演戏到了刘晖吉的手里，何必还要用男演员！何必还要我彭大呢!”天锡是戏曲评论界的南史和董狐，极少如此肯定戏曲演员，而独独折服于晖吉家的女伶，他这话，断不是轻率随意说的。

# 朱楚生

朱楚生是女戏子，是唱调腔戏的演员。她的做功和念白非常精妙，有些昆腔戏子尚不及她的十分之一。四明的姚益城先生精通音律，曾经和朱楚生等人切磋讲评戏曲的关键之处，所谈精妙深入，在情在理，如《江天暮雪》《霄光剑》《画中人》等戏，即使是教昆曲的老师傅仔细琢磨，也对朱楚生的表演无可挑剔。戏班子里的演员，能够为朱楚生伴奏鼓吹的才能留下，因此她所在戏班的表演也是愈发精妙。

楚生长得并不是很美，但就算绝世佳人，也没有楚生的风姿神韵。楚生清雅高迈，气度不凡，她的眉间透着孤高意态，她的睫毛传递出款款深情，她举止安详、顾盼生姿，善解人意。对楚生来说，演戏比生命还重要，她用尽全力在演戏。曲词和说白有错误的地方，稍微更改订正，即使几个月之后，错误之处必定改正得如同说话般流畅自然。

楚生常常表面不动声色，内心却波涛汹涌，一往情深，心神不定，飘摇无主。有一天她和我一起在定香桥，太阳下山，烟雾升起，树林幽暗。楚生低着头不说话，泪落如雨，我问她怎么了，她用别的话语来掩饰。她整天忧心忡忡，最终为情而死。

# 扬州瘦马

扬州每天靠养瘦马生活的有几十上百人。想要娶妾的人千万不要走漏风声，稍微透露一点消息，那些媒婆市侩们就全都聚集到家门口，像苍蝇叮着膻腥的东西，怎么挥扑也赶不走。

天一亮，就有人来催促娶妾的人出门，先到的媒婆就先“挟持”着你，其余的人都尾随其后，一个个跟着伺候张罗。到了姑娘家里，坐下来，递上茶水，媒婆立马就牵着一个瘦马出来，对她说：“姑娘拜见客人。”瘦马便施礼下拜。媒婆又说：“姑娘往上走。”瘦马便走几步。媒婆又说：“姑娘转身。”她就转过身子向明亮处立着，让客人看清她的面容。媒婆又说：“姑娘把手伸出来瞧瞧。”于是高高地捋起她的衣袖，手掌、手臂以及肌肤都看得清清楚楚。媒婆又说：“姑娘瞧瞧相公。”女子就转眼偷偷看客人，让客人看清她的眼睛。媒婆又说：“姑娘几岁了？”她报年龄时，就知道她的声音如何了。媒婆又说：“姑娘再走走。”并用手拉着她的裙子，这样她的脚就露了出来。不过看脚还有一个办法，凡是出门时裙摆先响的，脚一定大；把裙子系得高高的，人还没有出来，脚先露出来，那一定是小脚。媒婆最后说：“姑娘请回。”一个女子进去，另一个女子又出来。每到一家必定要看上五六人，走到哪家都是如此。

如果有看中的，就把金簪或者一根发钗插到女子的鬓发上，这就叫“插带”。若看不中，就拿出几百文钱，赏给媒婆或她家的婢女，再到别家去看。媒婆如果累了，会有其他几个媒婆接着伺候。一天、两天以至四五天，既看不倦，也看不完，但是看到五六十个人的时候，只觉都是白净的脸蛋和红色的衣衫，千篇一律。就好像学写字的人，一个字写上千百遍后，连这个字都认不得了。心里想的对接眼里看的，竟是毫无头绪，不得不姑且将就着定下其中一个人。

“插带”之后，女子的本家给出一个红色礼单，上面写着彩缎若干、金花若干、财礼若干、布匹若干，用笔蘸好墨汁，送到客人面前让客人过目点阅。客人批点的财礼以及缎匹等让他们满意了，他们就恭敬地请客人回去。客人还没到家门口，鼓吹乐队、礼盒担子、红绿彩缎装饰的羊酒等已经在客人门口等候摆放很久了。不一会儿，财礼钱、糕点果品都已备齐，鼓吹乐队吹吹打打地引导着队伍去了。走了不到半里路，抬花轿的、举花灯的、打灯笼火把的、占卜算卦的、做赞礼的，以及香纸烛火、祭祀果品、牺牲之礼等等，又都在门前环侍着。厨子挑着一个担子来，蔬菜瓜果、菜肴、汤、点心、花棚、糖饼、桌围、坐垫、酒壶、酒杯、筷子、龙虎贴，以及寿星公、撒花帐的、牵新娘的、唱小曲的、弹琴拉弦之类的，又全都齐备。不等回复，也不等主人命令，花轿和送亲的小轿一起去迎接新娘，吹着鼓乐，打着灯笼，新人的轿子和送亲的轿子一会儿就都到了。新郎新娘拜过堂，亲人入座上席，唱曲的唱曲，鼓吹的鼓吹，很是热闹欢腾。还没到中午，这些人讨了赏钱就急忙离去，赶着去其他人家，又去给其他客人挑姑娘了。

# 卷　六

# 彭天锡串戏

彭天锡演戏是天下一绝。然而他演的每一出戏都有根有据，不曾杜撰一个字。他曾经因为一出戏，把演戏的人请到家里，花费了几十两银子，他那十万的家业都是如此耗尽的。他春天大多待在西湖，曾经五次来绍兴，到我家串演了五六十场戏，却没能穷尽他的技艺。

天锡喜欢扮演丑角和净角，千古奸雄和佞幸谄媚之臣，经天锡用心表演，愈发显得狠毒，借天锡的面容变幻，愈发显得刁钻，借助天锡的嘴里说出的话，愈发显得阴险。天锡演戏全情投入，恐怕连真正的商纣王都不如他演的那般恶毒。他皱皱眉头，转转眼珠，真个是口蜜腹剑，笑里藏刀，鬼气森森，杀机重重，让人觉得阴森可怕。大约是天锡满腹经纶，加上一肚皮山川阅历，一肚皮机巧智谋，又胸怀磊落，好打抱不平，可惜没有地方发泄，只好借着演戏来发泄罢了。

我曾经看过他的一场好戏，恨不能用法锦把剧本包裹着收藏，使之流传后世千古不朽。我曾经把它比作天上的一轮美好的月亮，或者是火候适当的一杯好茶，虽只能供片刻享用，但其实怎么珍惜都是不够的。东晋的桓子野看到山水佳景就忍不住大呼“奈何！奈何!”，这世间真有无可奈何的事，只能心领神会，不能用言语表达。

# 目莲戏

尔蕴叔在演武场搭建了一座大戏台，选了徽州旌阳戏班里剽悍轻巧、会相扑跌打的三四十个人，表演目莲戏，共演了三天三夜。戏台的四周设置了上百个女眷看戏的台子，演员们在台子上拿出各自的看家本领，比如走绳索、舞粗绳、翻桌子、翻梯子、翻筋斗、竖蜻蜓、蹬坛子、蹬石臼、跳绳索、跳钢圈、钻火网、舞刀剑之类，都十分罕见，出人意料。天地神灵、牛头马面、鬼母丧门、夜叉罗刹、锯磨鼎镬、刀山寒冰、剑树森罗、铁城血澥，好像吴道子画的《地狱变相》，为了置办这些纸扎的东西，耗费了上万钱财，人心惴惴不安，灯光下的人脸面如鬼色。戏曲中的套数，像《招五方恶鬼》《刘氏逃棚》等戏剧，有一万多人齐声呐喊。熊太守听闻，以为是海盗来袭，惊恐万分，差遣衙役前来侦问，蕴叔亲自到太守那里回复，太守才安下心来。

戏台搭成的那天，蕴叔提笔写了两副对联。一副说："果证幽明，看善善恶恶随形答响，到底来那个能逃？道通昼夜，任生生死死换姓移名，下场去此人还在。"另一副说："装神扮鬼，愚蠢的心下惊慌，怕当真也是如此。成佛作祖，聪明人眼底忽略，临了时还待怎生？"真的是以戏文在说佛法呀 。

## 甘文台炉

香炉贵在适用，尤其贵在耐高温。夏商周三代的青铜器，一遇火就会损毁，哥窑、汝窑也是如此。又适用又耐火，莫过于宣德炉。然而近来一个宣铜制成的香炉售价竟高达一百四五十两银子，这么贵怎能轻易得到呢？北铸施银匠所做的也不错，但工艺粗糙，令人望而生厌。苏州的回民甘文台用蜡和沙倒成模具，深思熟虑，成竹在胸，烧出来的香炉成色、轻重，与宣铜款制毫无二致，足可以假乱真。但他烧制出来的香炉与别人不同，主要是所选用的铜料不同。

甘文台是回民，不崇奉佛法，他一见到乌斯藏的渗金佛就立马锤碎，毫不可惜，所以用这种材料制成的香炉，质地不仅与宣铜相同，有时还要更胜一筹。甘文台自己说他毁坏的佛像已有七百多尊了。我说："如果回教也另设有地狱的话，你这种行为就可打住了。"

## 绍兴灯景

绍兴的灯景被天下人称赞，也没什么别的原因，无非是竹子便宜、花灯便宜、蜡烛便宜。因为材料便宜，所以家家户户都能制作；也正因为便宜，所以家家都以不会制作花灯为耻。所以从康庄大道旁的豪门大户到穷家陋巷的小户人家，家家户户都张挂彩灯、搭建灯棚。灯棚是用两根竹竿搭成过桥，中间再横上一根竹子，挂上一盏雪灯，六盏灯球。大街上的灯棚数以百计，小巷里的灯棚也数以十计。从巷口回过头望巷子，但见花灯繁复堆砌，鲜艳飘洒，动人心神。十字街上搭一个木棚，挂上一盏大灯，俗称“呆灯”，灯上画着《四书》《千家诗》里面的故事，有的灯上写着灯谜，人们都围站在花灯旁竞猜灯谜。

寺庙、道观则以木架子做成灯柱和门额，写上“庆赏元宵”“与民同乐”等字。佛前有供着用红纸剪成的荷花以及上百盏琉璃灯，用佛图灯带把它们隔开，灯火辉煌灿烂，一片光明。庙门前搭建着高台，乐队鼓吹五夜。街市上像横街、轩亭、会稽县的西桥，家家户户都约着一起放灯，所以灯会盛大壮观。更有在那里赛狮子灯的，鼓吹弹唱，燃放烟花，人群嘈杂拥挤。小街窄巷若有空地，就跳大头和尚舞，锣鼓声交相错杂，到处都有人围成一堆观看。

城里的妇女们大多相继步行前来，往热闹的地方看灯；不看灯的，无论是大户人家还是小门小户，都散杂地坐在门前，吃瓜子糖豆，看来来往往的男男女女，到半夜才散去。乡下的夫妻大多是白天进城，梳洗打扮，东穿西走，这叫“钻灯棚”，又叫“走灯桥”。只要天气晴朗，日日可见此番场景。

万历年间，我的父亲和叔叔在龙山上放灯，堪称盛事，来年就有人效仿。第二年，朱相国家在塔山上放灯。第三年，又在蕺山上放灯。蕺山的小户人家见了，也东施效颦，搭建竹棚，挂上些纸糊的魁星灯。有轻薄之人作顺口溜嘲笑说：“蕺山灯景实堪夸，翦筱竿头挂夜叉。若问搭彩是何物，手巾脚布神袍纱。”现在想想，这顺口溜编得委实不错。

## 韵　山

祖父到老了还是手不释卷，在书斋里也喜欢悬挂书画，案头几上也摆设着花瓶。过不了几天，因为翻阅搜寻书籍，灰尘就布满砚台，书籍颠倒参差。祖父常从布满灰尘的砚台里磨出一方墨汁，头眼紧挨纸笔，潦草地写着书生们常写的蝇头小楷。黄昏时分，天色昏暗，祖父就把书带到屋外去，就着傍晚的天光看书。烛台太高，光焰照不到书上，他就倚靠在茶几上接近灯火，低头对着烛光看书，每天看至半夜，从来不觉疲倦。

祖父经常遗憾《韵府群玉》《五车韵瑞》编撰得太简略可笑，想要增补一些内容。于是他博览群书搜集资料，用淮南王刘安大山和小山之义，摘录典故归为《大山》，摘录人物语录归为《小山》，典故以及语录已经详细收录在本韵下，但偶尔也被收录在其他韵目下的归为《他山》，脍炙人口的归为《残山》，总称为《韵山》。

蝇头小字密密麻麻，墨色粗劣、残损不全的典籍，像砖块一样厚厚堆积着的有三百多本。一个韵目写下来有十几本，较之《韵府群玉》和《五车韵瑞》要多上千百倍。正要成书的时候，礼部侍郎胡青莲把他父亲从宫中秘藏带出来的《永乐大典》

给我祖父看，和《韵山》正好相类似，装帧成帙有三十大本，一个韵目下的一个字还犹有未尽。祖父见了《永乐大典》，长叹说："书海浩瀚，我做这点事简直是精卫填海，所得能有多少呢?"于是就停笔不再写了。如果祖父花费三十年的精力，编写其他书籍，其广博深厚应该不低于王世贞和杨慎。而现在这部书即使再多用三十年也还是不能完成，即便完成了也没有能力刊刻。写废的笔已堆积如山，所编之书却没有丝毫价值，我感到深深的惋惜。丙戌年（1646）战乱之际，我把这些书运载到九里山，藏在藏经阁中，期待能有后人来完成这部书。

## 天童寺僧

戊寅年（1638），我和秦一生到天童寺拜访金粟和尚。行至山门，只见万工池碧绿澄净，照得人的胡须眉毛纤毫毕现，有口大锅倒扣在池旁，我问僧人这是怎么回事，僧人说："天童山有个龙穴，龙经常下来喝水，因此那些脏水都不会流到这个池子里来。正德年间，有两条龙相斗，寺里五六百个僧人撞钟来威吓它们，龙大怒，把整个寺庙夷为平地，这口锅就是那时候遗留下来的。"

进入大殿，装饰宏丽庄严。转入方丈室内，递上拜帖。老和尚见人就打，谓之"棒喝"。我坐在方丈室里，老和尚很久才出来，有两名侍者手里分别拿着仪仗和如意作指引，我们面朝南面站住，侍者说："老和尚出来了。"又说："你怎么行礼?"

大概是官长见了老和尚都要下拜行礼，不敢和老和尚分庭抗礼，我站在那儿一动不动，老和尚便行了宾主相见之礼。侍者又说：“老和尚怎么坐?”我又一动不动，老和尚就恭敬地请我坐下来。坐定之后，我说：“我们两个门外汉，不懂佛理，也不懂佛法，希望老和尚慈悲为怀，明明白白地告诉我们。不用劳烦您棒喝，也不要在话语中暗藏机锋，只求您像拉家常白话一样给我们讲佛法，实实在在地与我们讨论，求个明白。”老和尚点头同意我说的话，带着我们游览了寺院。

早晨和晚上我们都在方丈室内吃斋，僧人对我们非常恭敬。我细细观察了整个庙里僧人工匠一千五百多人，都有舂米的、碾碓的、推磨的、蒸饭的、打水的、烧火的、锯木的、劈柴的、种菜的、做饭的，他们一个个面目狰狞，急急忙忙，像极了吴道子的《地狱变相》里的场景。老和尚的规矩很严，常常亲自起身撞人，不仅仅是“棒喝”那么简单。

## 水浒牌

对于古人的相貌、服装、头盔、铠甲、武器，陈章侯画水浒牌的时候，不过是根据他的学识见闻来画而已。但画出来就称之为“宋江”“吴用”，而“宋江”“吴用”也栩栩如生，形神毕肖，全在于陈章侯把他们的英雄气概、忠义之气，种种气象，充分地展现在笔墨之间。

周孔嘉央求我去促请章侯为他作画，孔嘉一再讨要，我一再催促，花了四个月才画成。我写了一篇文章叙述此事缘起："我的朋友陈章侯，才华横溢，光耀天下，其笔力简直是惊天地泣鬼神。他的诗歌如李贺于昌谷道上背负破囊，为呕心沥血之作；他的书法如辩才和尚秘不示人的《兰亭集序》。他又开启一代画风，于是就可以目无古人，独树一帜，有人来请他作画，他肯定有求必应，如果不开口，他则轻易不肯作画。章侯既去除了郭恕先拿画换富人酒肉的癖好，又如苏东坡惦念贾耘老般乐意资助贫苦的人，于是画出了《水浒》中四十个人物的画像，为孔嘉家里的八口人谋生计，如此一来就使得宋江兄弟再现，让世人重睹了宋代人的威仪显赫。伯益考证撰写《山海经》中的海外遗经，把千奇百怪的鸟兽都收录进来，终成千古奇文；吴道子画《地狱变相》，青面獠牙的鬼怪全化作他图中一团清气。像苏东坡对贾耘老那样，把画交给双荷叶收藏掌管，若每月能得到三石米、二斗酒，不妨就拿来赠送；或者能像柳宗元珍惜韩愈的诗文一样，每天用蔷薇露洗手，用玉蕤熏香，然后才解开信封观看。如此珍贵的画，我不敢独自享用，愿同诸位共同欣赏。"

## 烟雨楼

嘉兴人只要一说起烟雨楼，就会遭到天下人的嘲笑。然而烟雨楼本就景色宜人。楼前正对莺泽湖，水气弥漫，空空蒙蒙，若雨还晴。长长的芦苇，高大的柳树，与湖相依偎。湖中有很多精致的画舫，美人划着船，载着书画茶酒，与客人相约在烟雨楼。客人到了就接到船上，将船停泊在烟波浩渺的湖中。意态悠闲，喝茶煮酒，只觉心神安逸，在船上待上十天都不想回来。若是船上缺了什么，就把船划到宣公桥、甪里街，瓜果蔬菜、佳肴美酒，立刻就买了回来，随即返航归来。柳树湾、桃花坞，让人痴迷流连，倘若遇到有缘之人，亦可潇洒地话别，彼此不留下姓名。又时常有类似离魂之倩女、新寡之文君的故事，也可东施效颦，演绎一段奇情。淫靡浪荡之事，当地人都觉得是风流韵事，风俗之败坏，愈演愈烈。

## 朱氏收藏

朱氏家族收藏的古董，像龙尾觥、合卺杯之类的，雕镂镌刻，真的是鬼斧神工，举世罕见。其他诸如秦代的铜器、汉代的玉器、商周时期的鼎彝祭器、哥窑的瓷器、日本的漆器、厂盒、宣炉、书法、名画、晋代书帖、唐代古琴，收藏丰富，简直可与当年严嵩家的藏品相匹敌，故而被时人讥讽。我倒觉得，博闻广识、爱好古董，也算是文人雅事，风雅人物之中，也不排除有奸雄曹操；鉴赏家行列中，贾似道尚有一席之地。朱氏收藏诗文、书法、绘画都是因追慕古代名士，他常常担心子孙效仿，会随手用这些古董去赚取田地家宅，巧取豪夺，未免会有损德性。我听说当年朱氏子孙想要全部变卖“坐朝问道”这四块田，我外祖父陶兰风先生开玩笑说："你只管坐朝问道，怎么不管垂拱平章?"一时传为佳话。

## 仲叔古董

我二叔葆生年少时随朱渭阳一起游历，所以精通鉴别古董。他收藏了白定炉、哥窑瓶、官窑的酒器，项墨林想用五百两银子买去，葆生叔推辞说："我要留着这些陪葬。"

癸卯年（1603），葆生叔经过淮上，看上了一张由天然长成的铁梨木制成的几案，长一丈六尺、宽三尺，质地光滑坚实，色泽温润，非同寻常。淮阳巡抚李三才用一百五十两银子没能买下来，二叔花了二百两银子买下，立马开船离开。巡抚大怒，差遣官兵来追，实在追不上才返回。

庚戌年（1610），二叔得到了一块璞石，重达三十斤，用太阳晒过的水洗涤，从缝隙中有光芒射出来，像鹦哥、祖母等绿宝石，二叔知道里面是块水碧玉石，异常惊喜。于是招募了玉石工匠仿照朱氏家的收藏，做了一个龙尾觥，又做了一个合卺杯，价值三千两银子，其余的碎屑也都雕刻成奇珍异宝。二叔凭此赚了上万两银子，收藏的宝物也日渐丰富。

戊辰年（1628）之后，葆生叔先后在姑熟和姑苏两地当副官，不久又在盟津当县令。河南盛产铜器，葆生叔在这里得到满满几车的铜器。其中有一种叫"美人觚"的，大大小小有十五六只，浑身青翠碧绿，像翡翠，又像鬼眼青，有的竟绿得让人不敢直视。回来后这些美人觚到了二叔的儿子燕客手里，在一天之中丢失殆尽，有人说是被龙宫收去了。

## 噱　社

我二叔喜欢开玩笑，在京城的时候，他和漏仲容、沈虎臣、韩求仲等人成立了“噱社”，他们聚在一起还没说上几句话，就让人捧腹喷饭大笑。漏仲容是写八股文的能手，他常说：“我们这些老家伙读书写文章和年轻人不同。年轻人读书，好像快刀砍物，眼光犀利流转，在字里行间的空白处一扫而过。老年人读书就像用手指头掐着字来读，掐住一个是一个，掐不住就是空白。年轻人写文章，翻个白眼看看天，一篇现成的文章就像是挂在天上一样，顷刻落下来，刷刷几笔写在纸上就完成了。老年人写文章就像是恶心呕吐，要把手伸到嘴里抠，让东西呕出来，出来的也不是很多，还总是污秽不堪的东西。”这分明就是格言警语，并非只是玩笑话。

有一天韩求仲和我二叔都要请一个客人吃饭，于是两人想要联名下帖邀请他，二叔说：“我比求仲年长，那我的名字应该写在他前面，可是蝇头小字落在拳头大小的纸片上，倒像是细注在前，白文在后，哪有这样的道理！”人们听了都哑然失笑。沈虎臣说话尤其尖刻机巧。二叔侍候主考官收起帽套，这天天气非常寒冷，沈虎臣嘲笑二叔说：“座主已收帽套去，此地空余帽套头，帽套一去不复返，此头千载冷悠悠。”他的滑稽话语大多诸如此类。

## 鲁府松棚

报国寺的松树，枝干盘曲下垂，已经像藤蔓一样了。从松树下面经过，只觉步履蹒跚，狭窄逼仄，呼吸不畅。鲁府旧宅有两棵松树，高一丈五尺，树顶伸及屋檐，枝干遒劲，像蛇背一般弯曲盘旋，相互支抵，意态狂怒，张牙舞爪，一点也不受制于人，松针根根竖起，如同剑戟一样怒张着。过去鲁府称它为“松棚”，因为松树的意态情理，无不像一座棚子。偏殿的三间屋子被它盘踞遮蔽得严严实实，暗得看不见天空，连雨滴都漏不下来。鲁宪王晚年迷上道教，曾经砍下一截松肘来，抱着它睡觉，时长日久，松木光滑润泽，像喝醉的人的红脸，似乎沾染了人的血气。

## 一尺雪

“一尺雪”是芍药中的特殊品种，我在兖州时见过。它的花瓣为纯白色，没有花须和花萼，也没有淡红色的花蕊和星星点点的红紫颜色，洁白得像羊脂，纤细得如鹤翎上的茎管，层层叠叠，展瓣吐舌，粉嫩香艳，丰腴似雪。“一尺雪”上下四围占了三尺见方，枝干细小纤弱，支撑不起花朵，花朵大得像荷花一样，只好在枝干上绑一个小架来扶持。

长江以南，只听说过“一尺雪”的名字，却没有见人种过这个品种，就算有这个品种也没有适宜的土壤来栽种，大概不是在兖州就不容易见到吧。兖州种芍药像种麦子一样，大片大片的田亩相连。开花时节宴客，花棚就搭在路上，用各种芍药花装点在门楣上，挂在墙壁上，编在屏风上，缀在帘子上，插在席子上，铺在台阶上，到处插满芍药，一天用掉上千朵也不可惜。我以前在兖州的时候，朋友每天都剪下几百朵“一尺雪”送到我的住处来，堆得满屋都是，真不知该怎么处理。

## 菊　海

兖州的张氏约我一起看菊花，菊园离城五里地。我到了菊园，转遍了园子所有的地方，又到园子外围走了一圈，竟没见着一株菊花，真是奇怪。一会儿，主人将我们带到一片苍苍莽莽的空地，有三间芦苇搭起的棚子，主人恭敬地请我进去，放眼望去，别说菊花了，简直是一片菊的海洋。棚子的三面都砌着三层花坛，按照菊花的高度来确定花坛的高度。菊花大如瓷碗，皆呈球形，缀着累累金甲，各种金色银色的花瓣似荷花，色泽鲜艳，异于普通的菊花，碧绿的叶子层层叠叠，没有一片提前脱落。这得益于天时，也是地利之便，更在于人工的精心培育，三者缺一不可。

兖州的缙绅家都沿袭王府的气派，赏菊那天，桌子、炕头、灯盏、炉灶、盘子、盒子、水盆、碗盏、杯盘、酒杯、茶壶、帷幕、被褥、酒、面食以及衣服的花样，没有不是做成菊花样式的。夜里点着蜡烛照明，烛光掩映，花气袭人，花色又比白天所见更加层次丰富。宴席散场，便撤掉花棚的帘子，让它们尽沾繁露。

## 曹　山

万历甲辰年（1604），我祖父游曹山，在狮子岩下大张旗鼓地演奏乐曲。陶石梁先生开玩笑作了一篇《山君檄》讨伐我祖父，模仿昭明太子的文法，说是你们这些人用管弦音乐玷污了我的山峦溪谷。祖父也回敬了篇檄文骂他，有句话说："谁说是鬼斧神工，竟是残山剩水！"石篑先生嗤笑石梁先生说："他是文人，哪里能冒犯！不如自认下来，把'残山剩水'四个字刻在崖壁上。"先辈们互相推崇，到了如此地步。曹山石宕是我外祖父的放生池，三十年来放生了成千上万的生物。有人看见池中迸射光芒，像上万根蜡烛点燃直映天空，池中鱼虾藻荇随光飞起，直冲天河。

我年少的时候跟从母亲到曹山的庙庵做佛事，用大竹篓装了四个大西瓜，浸泡在池子里。没过一会儿，岩石下传来一声巨响，水花溅起来有十几丈高，三只小船的缆绳断了，在波浪间翻滚，被冲击得几乎碎了。船夫急忙跑过去，看见一条巨鱼，像小船一样大，嘴里吸着四个西瓜，摆着尾巴游走了。

## 齐景公墓花樽

霞头的沈炼佥事在外地做官时，有人发掘了齐景公的坟墓，探寻得到三个铜豆，两个大花樽。铜豆平淡朴素，花樽有三尺高，中间束腰，两头拱起，樽口呈方形，向外敞开，四边像剑戟一样支棱，雕刻着花纹和兽脸，纹路粗细有致，是夏商周三代祭祀用的器物。这花樽后来辗转到了乾阳刘太公手里，我看到了非常喜欢，可是从太公手里要东西比较困难，我这样的孙辈是不敢开口要来赏玩的。

等到太公到广西那边做官，我岳母就把花樽拿到我的书房里，我细细擦拭，花樽泛出奇异的光芒。我折了梅花养在樽里，灌水，樽外渗出水滴，似下雨一般，不一会儿水就收干了。梅花谢了，结了果实，有鸟雀蛋那般大小。我收藏了两年，太公从广西回来，查点藏品，我怕岳母为难，立刻归还了花樽。后来这两个花樽被贩子觊觎，竟然只花一百两银子就买下了，实在是太可惜。现在听闻花樽在歙县某氏的祠堂里。

# 卷 七

# 西湖香市

西湖的香市，从二月的花朝节开始，一直持续到五月初五端午节。从山东来的人每天到普陀寺进香，嘉兴、湖州的人每天到天竺寺进香。他们一到就与西湖边的人做生意，所以被称为香市。进香的人本可在三天竺寺、岳王坟、湖心亭或陆宣公祠这些地方买东西，到处都有集市，但他们偏偏都聚在昭庆寺前。因此，昭庆寺两边长廊天天都像赶集一般，三代八朝的古董，偏远民族的奇珍异宝，全都聚集于此。到香市开始时，昭庆寺大殿中两旁甬道上、放生池左右两边、殿内殿外，有屋子的地方就会摆上货摊，没屋子的话就搭建敞篷，敞篷旁又有棚子，棚子旁又有货摊，到处挤满了货摊，像胭脂水粉、发簪耳环、尺子剪刀，甚至经书典籍、木鱼和小孩玩具之类，无不齐集。

这时正是春暖花开时节，桃花吐蕊，柳条轻拂，一片春光明媚。鼓乐之声清丽柔和，游船都坐无虚席，旅店的房客没有滞留在房内的，酒馆里的酒被喝得一滴也不剩。正如袁石公所说的那样“山色像美丽的女子，鲜花像美人的面颊，波光如层层的绸缎，暖风像醇香的美酒”，寥寥数笔勾画出了西湖三月的美景。而此时的风景中又加了进香的游客，自是别有一番风味。文雅俊美的士子淑女，比不上乡野男女的描画装扮；兰花芬芳，比不上香芫荽的熏陶蒸腾；丝竹管弦之乐，比不上打鼓吹笙的聒噪喧闹；鼎彝之器与光怪陆离之物，比不上泥人竹马大受欢迎；宋元时期的名画，比不上西湖风景图和佛祖菩萨画像的珍贵。人们川流不息，奔跑追逐，拥挤得无法脱身，相熟的人也互相牵挽不住。成千上万的男女老少，每天簇拥在昭庆寺的周围，经过四个月才肯罢休。恐怕钱塘江以东再没有第二个这样的地方了。

崇祯庚辰年（1640）三月，昭庆寺失火。这年以及其后两年连年饥荒，大半老百姓都饿死了。壬午年（1642）清兵阻断了山东的道路，香客不来进香了，香市也因此废弃。辛巳年（1641）夏天，我在西湖只看见从城里不断往外抬出饿死之人的尸体，人们扛着工具，相互牵挽，络绎不绝。当时的杭州太守刘梦谦是汴梁人，同乡来打秋风的人大都寓居在西湖，每天包揽民间诉讼，捞到的钱财贿赂给刘太守。有轻薄之人把古诗改写过来讽刺刘太守说："山不青山楼不楼，西湖歌舞一时休。暖风吹得死人臭，还把杭州送汴州。"这首诗可谓是当时西湖的真实写照了。

## 鹿苑寺方柿

萧山的方柿，绿皮的不好，红皮但果肉糜烂的不好，一定要是结在树枝上颜色红润、坚脆如莲藕一样的，才称得上绝世佳品。然而这样的好柿子只是偶尔才会遇上，不可多得。我以前曾说，西瓜在六月间成熟，人们才可享尽上天赐予的口福。秋白梨在秋天成熟，方柿和绿柿则到冬天成熟，未免错过了季节。

丙戌年（1646），我在西白山躲避兵乱，鹿苑寺前后种着十几棵夏天成熟的方柿。六月酷暑，方柿像瓜一样大，咬一口脆生生的，像咀嚼冰雪一样，眼睛都变得明亮了。但如果制作方法不好，柿子就会苦涩难以下咽。当地人用桑叶煮成汤水，待冷却后，加一点盐，倒进瓮里，把柿子都浸泡在里面，水淹至瓮颈，过两天再把柿子拿出来吃，非常新鲜可口。我吃过的萧山柿子大都有涩味，便把这个方法赠给大家。

## 西湖七月半

西湖的七月十五，着实没有什么好看的，只有那天的人还值得一看，这些人可以分成五类。第一类，乘坐楼船画舫，吹箫打鼓，峨冠高戴，酒宴欢腾，灯火璀璨，优伶歌姬、声光交相杂乱，名义上是看月亮，实际上是不看月的，这类人可以一看。

第二类人，也乘坐楼船，都是名门闺秀，携着俊美少年，笑闹啼哭声错杂，环坐在露台上，左顾右盼，人在月光中而并不赏月，这类人可以一看。第三类人，也坐楼船，也有乐曲歌声，有名的妓女、闲适的僧人，他们斟着茶酒，轻声歌唱，吹着笛箫，轻弹琴筝，丝竹之声与歌声交相应和，他们也在月下，也赏月，却希望别人看到他们在赏月，这类人可以一看。

第四类人，不坐船也不坐车，不穿长衫，不戴头巾，吃饱喝醉了，就呼朋引伴，三五成群，挤到人群中，在昭庆寺和断桥上叫嚣呼喊，嘈杂吵闹，装作醉酒，没有腔调地乱唱一气，这些人看月亮，看赏月的人，好像什么都看了，但实际上什么也没看。这类人可以一看。第五类，乘着小船，罩着轻纱帷幔，茶几干净，火炉温暖，一边用茶铛煮茶，一边用素瓷盏品茶，好友佳人，举杯邀月同坐，他们有的藏匿于树影下，有的逃到远离喧嚣的里湖，他们看月，却不想让人看到他们看月的样子，也不刻意去看月，这类人可以一看。

杭州本地人游玩西湖，一般是上午九、十点钟出发，下午五六点钟归程，像躲避仇人般避着月亮。中元节正是出游的好时候，人们成群结队，争相出游，花费点酒钱犒劳守门的士兵，轿夫举着火把，依次列队等在岸上。一上船就催促船夫赶紧开船驶到断桥，赶赴盛会。所以在二更天之前，人声、鼓乐声，如沸腾之水，如撼天雷声，如梦魇呓语，震耳欲聋。大船小船一齐凑到岸边，其实什么都看不见，只看见船篙相击，船碰着船，肩膀擦着肩膀，脸挤着脸而已。过不多时，人们兴尽，官府的宴席散去，衙役们呼喝着离去，轿夫连忙招呼大家上船，吓唬他们说城门若关闭了便回不去。灯笼火把像天上的群星闪耀，人们纷纷簇拥而去。湖岸边的人也排队赶着进城，西湖的游人渐渐稀少，顷刻之间都散尽了。

此时我们这些人的小船方才靠岸，断桥的石阶慢慢变凉，我们铺上席子，招呼客人纵饮。此时，月亮像新磨出的铜镜，青山重整妆容，湖面焕然如洗。之前喝着小酒、唱着小曲的人出来了，躲在树丛里的人也出来了，我们相互打招呼，拉着坐在一起。好友来饮酒，名妓来相陪，觥筹交错，丝竹入耳，歌喉婉转。月色苍凉，东方将晓，客人们方才散去。我们驾船离去，醉卧于十里荷花深处，香气袭人，清梦如水，甚为惬怀。

## 及时雨

壬申年（1632）七月，各个村子都在祈雨，天天有人扮成潮神海鬼，人们争相朝他们身上吐唾沫。我们家乡有扮演《水浒》人物的，且说：画《水浒》人物图的，有北宋的李公麟，南宋的赵孟頫，还有近代的陈章侯，但都不如施耐庵。表演者和《水浒》中人物面容酷似，但不够黑，胡须相同，但不够叱咤，头盔铠甲一样，但不能用纸制作，刀剑手杖不能要木头的，人物的传记与施耐庵写的一样，不要杜撰出来的，说话又不是弋阳腔，那么十之八九就跟人物很接近了。

于是就分头去寻找，找又黑又矮或又高又长的大汉、云游僧人、大胖和尚、粗壮妇女、面貌姣好身材苗条的女子、黑脸的、歪头的、红胡子的、美胡须的、黑大汉、红脸长须的，在城里肆意搜索。城里找不到就到郊区找，到村里找，到偏僻的山沟里及邻近的府、州和县里到处寻找，花高价聘请来，总共找来三十六个人。梁山泊好汉一个个活灵活现地聚在眼前，人数众多，人马排列整齐行进，围观的人围追堵截，好像古时那些女子围观追看美男子卫玠一样，简直要把人看死。

五雪叔从广陵回来，购买了很多法锦、宫廷绸缎，装扮八个台阁：六个雷部台阁，一个大士台阁，一个龙宫台阁，都非常华美艳丽，见者无不目眩神迷。大约自从有台阁以来，有像这样华丽的，却没有像这样庄重的；有像这样美丽的，却没有这样齐全的；有像这样华丽齐全的，但没有这样的精妙构想、才思雅致的。有些轻薄之人说："不用替他谦虚了，样样都置办得很精致。"

我的四叔祖南华老人很是奇怪，喃喃问我说："《水浒》和祈雨有什么关系呢？近来佘山盗贼猖獗，还这样迎盗贼是为什么呢？"我低着头想了一会儿，果然觉得用《水浒》人物祈雨荒诞不经，慢慢回答叔祖道："还是有联系的吧。三十六天罡都住在太尉府中。用六块大牌子，两块写'奉旨招安'，一块写'风调雨顺'，一块写'盗息民安'，用两块更大的牌子写上'及时雨'，在前面引导。"一旁看的人都大笑赞叹，南华老人也窃笑着离去。

## 山艇子樟

龙山自巘花阁以西都山石裸露，奇峰耸立，若能得到其中一节，也可以称作名家了。山艇子一段的岩石更是意态孤高，孑然独立，峭壁耸立，壁立高处，不沾半点尘土。有一棵大樟树的根伸到岩石上，石头容不下树根，但是树根却并不厌恶石头，盘曲而下，依旧与石头紧紧挨着。这块石头有三丈见方，右边坳折凹陷，如果不是竹子，石头就穷尽了，哪里能与竹子相依偎。然而竹子也是奇怪，能够独自生长，并不需要倚仗石头。竹节紧促，竹叶细长整齐，像刺猬的刺，像松狗尾，茂盛挺拔，拂掠转折，拥簇相挤，好像是受到什么惊吓。竹子如此不可一世，没人敢将它放到第二位。有人说这正如李后主自创的金错刀字体。也有人说：竹生长在石头上，泥土较浅，侵蚀了它的根，所以硕大盘旋，像黄山上的松树。

山艇子上的大樟树，以石头为根基，中间有竹子陪伴，末端为楼阁，我思量着楼阁也并不是它生长的极限，所以就称之为山艇子樟。然而这樟树实在是太贪心，只是一味向着石头，石头反而并不属意于它，若是樟树距离山艇子石有一丈之远，石壁和樟树就会显露出来，竹子也会全部显露出来。竹子和石头之间的意态，只在疏淡深远之间。

## 悬杪亭

我六岁的时候跟随父亲在悬杪亭读书，记得亭子是在一面峭壁之下，树木和石头支撑着它，亭子不凭借任何土壤伫立，飞阁虚堂，如梳子般密集整齐。沿着悬崖的边缘，皆是丛生的灌木和高大的树木，与屋檐相互交错。用唐代诗人杜审言的“树杪玉堂悬”之句，给亭子取名为“悬杪”，小时候我们在两岩壁间架起木桥，攀援着绳索到达对面，感觉非常奇妙。后来我二叔在山崖下搭建了一座庐庵，听信了风水先生的话，说是悬杪亭妨碍了庐庵的龙脉，便千方百计把悬杪亭买了去，一夜之间就把那里的亭台楼阁毁之殆尽，只剩杂草丛生。我儿时在悬杪亭怡然寄居的日子，常在梦里追忆。

## 雷殿

雷殿在龙山磨盘冈下，吴越武肃王钱镠曾经在此建造了蓬莱阁，还有断裂的碑碣遗留在这里。雷殿前的石台高大飒爽，树木萧索疏落。六月，月亮从南面照进来，树木遮不住月光。我每天沐浴之后，就拉上秦一生、石田上人、平子等人坐在石台上，吹着凉风，带着美食干果，喝着香雪酒，剥着鸡豆，饮乌龙井水，井水冰凉甘甜，牙齿都在打颤。下午让人把西瓜投到井里浸泡，晚上剖开西瓜吃，冰寒蚀骨，可应对三伏天的暑气。树林里有很多鹰隼，听到人说话的声音就受惊飞起，在云霄间磔磔鸣叫，半天都不肯下来。

## 龙山雪

天启六年（1626）十二月，大雪下了有三尺多深。晚上雪停了，我登上龙山，坐在城隍庙的山门前，李岕生、高眉生、王畹生、马小卿、潘小妃等人在我旁边侍候。万山峰峦都覆盖着积雪，明月薄薄地照在积雪上，被白雪映照得不能发出光亮，雪光苍白一片。我在门前坐久了，渐觉清冷，仆人把酒送来，我勉强喝了大杯酒来御寒，酒气在体内升腾，被积雪的寒气逼迫，竟然没能喝醉。马小卿唱着小曲，李岭生吹起洞箫相应和，乐曲声被寒气震慑，竟哽咽枯涩得传不出来。三更天的时候我们回去睡觉。马小卿、潘小妃相互拥抱着从百步街趺趺撞撞地一路滚下来，一直滚到山脚下，浑身披满了雪站起来。我乘坐一辆小羊头车，车轮上拖着冰凌归去。

## 庞公池

庞公池终年都见不到行船，更何况是夜里行船，更没有只为了看月亮而行船的。自从我在山艇子读书，就把小船留在池子里，有月亮的夜晚，我夜夜都出来坐船，沿着城到北海坂，行船有五里地，来回盘桓其中。山后的人家，紧闭了门睡觉，看不见灯火，四面静寂，幽深冥暗，很是凄凉悱恻。

我铺着凉席，躺在船上赏月，小仆在船头唱着小曲，醉梦之间，乐声错杂，声音渐渐杳去，月光也渐渐暗淡，我就这样静静地睡着了。歌曲唱完了我又忽然惊醒，含糊地说几句赞美的话，一会儿又打起呼噜来。小仆也打着哈欠歪倒在船上，相互枕着睡着了。船夫划着船回到岸边，把竹篙敲打得“丁丁”作响，催促我们回屋睡觉。这个时候胸中浩然磊落，没有什么杂念，一枕酣睡，直到第二天太阳高升才起来，不知世间有什么可忧愁的。

## 品山堂鱼宕

二十年前，我有一大半时间都住在众香国，每天白天进城里去，夜里必定出城归来。品山堂有一棵松树盘踞着，树冠纷披入水。水池有三亩大小，池中莲花延伸到岸边，莲蓬成百上千，新鲜可爱。新雨过后，收集荷叶上的露珠来煮茶，清香扑鼻。

门外鱼塘，横亘在门前有三百多亩，大多种着菱角和芡实。小菱角像生姜芽一样细小，摘了就可以吃，鲜嫩得像刚成熟的莲子，气味芳香似建兰，美味无可匹敌。深秋季节，橘子饱经风霜，一个个不到红皮绽开的时候，不轻易下剪刀采摘。冬天观看捕鱼，渔船有上千艘，鳞次栉比地排在池面，有的用罾夹住，有的用罛扣住，有的用竹帘卷取，有的撒开渔网，有的用罩盖住，有的用挂网举起，水都泛起泥渣，浑浊得像泥浆一样。鱼进了网里缠绕拥挤，漏网的鱼张着嘴吐气，哪怕是一寸的小鱼，都浮出水面。捕鱼结束后把渔舟集中起来分配所获之鱼，仅鱼税就交了三百多斤，鱼睁着红色的眼睛，翻着白色的肚皮塞了一船，满载而归。我把兄弟们都约来，烹煮新捕的鱼，举杯豪饮，一直到天黑才散去。

## 松花石

松花石是我祖父让人从潇江官署抬回来的。石头本来搁置在江口的神祠中，当地人宰杀牲畜时祭祀神灵，将毛和血洒在石头上表示敬意，石头上血迹斑斑，沾满牲口的毛发，几乎都看不见石头了。祖父把它抬至官署，亲自清洗干净，称呼它为“石丈”，并写了一篇《松花石纪》。现在石头被丢弃在石阶下面，顶着花缸，没有起到什么作用。我嫌弃它臃肿硕大，没有了松树的纹理，不像董文简家茁壮错落的两个松树桩，树节参差错落，树皮断裂了仍然附在树干上，看上去比这个更好。祖父在石头上刻了字，作了一篇铭文说：“昔日你针叶如鬃毛纷披，是一棵松树；今天你脱胎换骨，成了一块石头；你的形体可以被替代，但忠贞的品质不可更改。你看着我笑了，希望你不要违逆我的意思。”祖父对这块宝贝的珍视竟到这个程度。

## 闰中秋

崇祯七年（1634）闰八月，中秋节这天，我效仿苏州的虎丘赏月，呼了一干好友聚集到蕺山亭。每个朋友都带着一斗酒、五盒饭菜、十盘蔬菜瓜果以及一床红毯，依次铺开席地而坐。沿着山坡铺了七十多床，每一床都有歌童美妓伺候。酒席上七百多人，会唱歌的有一百多个，大家齐声合唱“澄湖万顷”，歌声如浪潮奔涌，地动山摇。酒徒们开怀痛饮，喝酒像喝泉水一样。

夜深的时候客人都饿了，我借了戒珠寺里僧人煮斋饭的大锅，给客人做饭吃，长工用大木桶挑饭，一刻也不停。我让仆人岎竹和楚烟在山上的亭子里表演了十几出戏曲，精彩绝妙，簇拥了上千观者，蚊虻的叫声也听不见了，到四更天大家才散去。月光像水泼在地上一样，人走在月光里，光鲜干净如同刚刚沐浴过。半夜时分，白云慢慢地从山脚升起，面前的山峰都被云遮住，香炉峰、鹅鼻峰、天柱峰等仅仅露出尖尖的山顶，我仿佛看见了米芾父子笔下的雪景图。

## 愚公谷

无锡县城往北五里就是铭山。过了一座桥，店铺在河的东岸。店内十分雅致，售卖清泉酿的酒以及水坛、花缸、宜兴罐、风炉、盆钵和泥人等物品。愚公谷在惠山的西边，房屋大半都倾塌了，只剩下一些树木和石头。惠水涓涓流淌，由水井流到山涧里，又由山涧流到小溪，又由小溪流往水池，再被引到厨房和浴室，用以洗涤、浇灌园子、沐浴，洗刷马桶，所用无不是惠泉之水，所以说，住在这园子里的人，福德和罪孽正好相抵。

愚公先生交游遍布天下，达官贵人大都主动来与他结交，那些歌童舞女、豪华筵席、诗文字画，都是假意送给愚公，最后还是回到原主人的手里。名人清客来了就会住下，愚公则会款待他们，走时还要为其饯行，并馈赠路费和礼物。所以愚公花钱如流水，天下人到现在还称赞他。

愚公是文人，他的园亭是由那些很有想法的人修建的，垒起石头就是围墙，编几根柴薪就当门户，厅堂不设隔层和廊屋，树木不刻意成对成行。厅堂的南面有高大的槐树，古朴苍翠，都有合抱那么粗，枝叶茂密葱茏，绿荫匝地。一塘藕花，隔着岸边有几块石头，散乱地卧在地上。土墙上长着青苔，仿佛从山脚一直延伸到山涧旁，让人几乎忘记了这是人间。园子东边靠近土墙有一个石台，站在台子上可以俯瞰园外的寺庙，一株老柳树斜卧墙角遮蔽着平台，因此在平台上也不能将景物尽收眼底，这和其他园林的花草树木刻意为着亭子、平台、庭园而设完全不同。

## 定海水操

定海的演武场在招宝山的海岸边。水军操练演习时用大战船、唬船、艨艟、斗舰等几千艘，间杂着小船快艇，往来如梭。战船首尾相接，信息传递不畅。用特定的表情和鼓声来传递信息，战船堵截围击，进退自如，丝毫不错。勇士们站在船头瞭望，像猿猴一样蹲伏在桅杆上的斗中，一旦发现敌船，就立刻从斗中纵身腾空跃入水里，劈波斩浪，一会儿便游到岸边，跑入中军报告敌情，之后又跃入水里，像鱼和野鸭一样轻快灵活。

水军夜间操练演习尤为奇绝，旌旗和船橹上都挂着一盏小灯，用青布盖上，号角一吹响，万根蜡烛一起点燃，水面在火光的映照下，船影人影交织在一起，重重叠叠。在招宝山凭栏俯看，像海水烹煮万千星斗一般，锅中开水鼎沸。火炮声轰鸣崩裂，如同在风雨交加的一片晦暗中劈出闪耀的闪电，让人都不敢直视；又如巨雷劈断了山崖，坠入深不可测的渊谷，观看的人无不失魂落魄。

## 阿育王寺舍利

阿育王寺森严静穆，台阶前有八九棵老松树，林木苍莽古朴。大殿距山门很远，烟光掩映，树荫浓密，被山门框成一幅图画，仰望碧空如洗，只觉冰凉晶莹，沁人心脾。右转到了方丈室外，有两棵娑罗树，高大挺拔，直插云霄。偏殿供奉着旃檀功德佛，中间立着一座铜塔，铜塔颜色非常古朴，是万历年间慈圣皇太后赐予的，是收藏舍利子的宝塔。舍利子常常放出光芒，像琉璃一样五彩斑斓，百道光芒迸射，从塔缝中透出来，一年当中可以看到三四次这样的奇观。凡夫俗子瞻仰舍利子，会根据每个人的因缘出现不同的颜色。如果一团漆黑什么也看不见，其人必是将要死去。昔日湛和尚到了阿育王寺，看不见舍利子，当年便亡故了。屡次灵验。

第二天早上，太阳初起，僧人带我去拜佛，打开铜塔，只见一个紫檀佛龛里供奉着一座小塔，好像一个六角形的笔筒，不是木头做的也不是纸做的，不是皮做的也不是漆成的，上上下下被遮得严严实实，四周花楞上都雕镂着梵文。舍利子悬在塔顶，向下垂悬摇摇不定。人们透过花楞朝里看，眼睛又往上视可看到舍利子，才能仔细辨认舍利子的形状。起初我看见三颗珠子像牟尼串那样连在一起，闪闪发光。我又顶礼膜拜，想看见里面的真实形象，再往里看时，看见了一个身穿白衣的观音小像，眉眼清晰，鬓发毕现。秦一生反反复复地往里看，却一无所见，非常惶恐着急，脸急得通红，流着眼泪走了出去。后来，一生果然在这一年的八月去世了，舍利子果真灵验如此。

## 过剑门

南方青楼中，妓女以串演戏曲作为一等雅事，拼了命地刻苦钻研。杨元、杨能、顾眉生、李十娘、董白都以唱戏而出名，我曾嘱姚简叔约我一起去看戏。伶人下午唱《西楼》，晚上名妓们亲自登台串戏。伶人是兴化大戏班的，我家以前的伶人马小卿、陆子云也在这个班子，特意卖力地唱了七出，到了晚上八点多的时候，整个青楼里的人都对他们赞叹不已。

杨元走到化妆间问马小卿："今天的戏，气势神色都大有不同，这是何故?"小卿说："坐在上座的是我家主人。主人精于戏曲鉴赏，请了很多位老师傅来教戏，戏子到他家来被称作"过剑门"，要求严苛，哪敢草草应付!"杨元这才注意到我，《西楼》还没唱完，她就串演起《教子》。顾眉生扮演周羽，杨元扮演周娘子，杨能扮演周瑞隆。杨元胆怯，面容失色，声音出不来，一直拿眼偷偷瞄我，想讨好我却不能，我有心恭维她几句也是不行，僵持了很久，我找了个合适的地方喝了一两声彩，杨元这才放心大胆地唱起来，戏也就渐入佳境。从这之后，青楼里串戏，都要我当导师，我若不去，即使到半夜也不会开场。因为我或我的调教而声价大涨的妓女，以及出名了又为我涨了声价的人有很多。

## 冰山记

魏忠贤败亡之后，有好事者写了十几本关于他的传奇，但大多缺乏事实根据，我一一做了删改，仍旧命名为《冰山》。在城隍庙开了个戏台，观众有好几万人，戏台前的观众一个个挨着，一直挤到大门外。戏台上一个人上场，念台词说："我是杨涟。"底下观众大声呼喊："杨涟！杨涟！"声涛传到门外，像海潮涌动，人人跟着呼喊。演到万爆被乱棍打死、裕妃被逼死时，场下观众怒气冲天，群情激愤，唾骂叫喊声不绝于耳。再演到颜佩伟击杀锦衣卫校尉时，人群欢呼雀跃，大快人心，喊声震天，像是要把屋顶掀翻。沈青霞当年扎稻草人当成严嵩，射箭解恨，引以为乐，现在看来并不为过。

这年秋天，我把这出戏带到兖州，为父亲祝寿。有一天父亲宴请守道刘半舫先生，半舫看了戏说："这本剧写魏忠贤阉党的事情已经写得八九不离十了，可惜没有写到大办菊宴、逼死灵犀和收受贿赂等几件事。”我听了这话，当夜散席之后就填了几首唱词，督促伶人强记台本。第二天，到守道官署演这出戏，已按刘半舫所言添了七出新戏。半舫大为惊异，这才知道戏是我写的，于是就来拜访我父亲，和我结下交情。

# 卷　八

# 龙山放灯

万历辛丑年（1601），我的父亲和叔叔在龙山上放灯。他们砍木头做成几百个木架子，涂上红色的颜料，在上面披上锦缎，一个木架三盏灯。灯不只放在架子上，也不只放在山道的石阶上，而是沿着山脉、山谷，枝头和树梢上，漫山遍野都是灯。从城隍庙门上到蓬莱冈的上上下下，也都挂满了灯。从山下望着漫山遍野的灯火，如同看到天上的星河倾倒下来，一片灿烂辉煌。又如同隋炀帝夜游，倾倒好几斛的萤火虫在山谷之间，聚拢的萤火虫刚刚散开，依附在草木之上，迷迷糊糊，不知离开。

有人在山上卖酒，顺着山坡席地摆摊。山上无一处地方没有灯，灯下无一处没有酒席，席上皆无虚座，人人都在唱歌或鼓吹乐器。来看灯的男男女女，一旦进入庙门，便回不了头，脚不能退，只能顺着人潮涌上涌下，不知道涌向何方，只能听之任之了。庙门上悬挂着禁条，上面写着：禁止车马，禁止烟火，禁止喧哗，禁止带大量家奴，不得驱赶行人、让行人回避。父亲和叔叔在大松树下搭了个台子，也有酒席，也有唱歌奏乐，夜夜笙歌，鼓吹管弦，不知不觉天已经亮了。正月十六日夜里，张分守在山顶的星宿阁里宴请织造太监，傍晚走到山下，看见庙门上挂的禁条，太监连忙走出轿子笑着说："照做，照做，从咱们开始就要照他们说的做！"于是留下随行的仆役，仅让两个小童扶着上山。半夜，星宿阁失火，宴会和放灯也结束了。

放灯一共举行了四个夜晚，山上山下，酒肉成堆，每天打扫出来的果核、甘蔗渣以及鱼骨、肉骨、贝壳等，堆砌成高大的山丘，拾起妇女们丢失的鞋子挂到树上，仿佛挂了一树秋叶。相传正月十五夜里，灯残人静，卖酒的人正在收拾桌子上的残渣，有六七个美丽的女子买酒，酒已经卖完了，只剩下没开封的。她们就买了一大罍，足足有四斗，拿出收在袖子里的瓜果，顷刻喝完离开了。人们怀疑她们是女人星，也有人说是酒星。还有一件事情，有个无赖泼皮在城隍庙的左边借了几栋空楼，养了漂亮的娈童在里面，称为“帘子胡同”。这天夜里有“美少年”来找娈童寻欢作乐，剪亮蜡烛，醉饮美酒，极尽轻薄，解开衣服才发现她竟是女子，天还没有亮就离开了。不知道她从哪里来，是什么人，或者是妖狐所化也未可知。

## 王月生

南京曲院的妓女不屑与朱市妓女为伍，王月生出于朱市，但三十年来青楼里绝没有女子能比得上她。她面容如刚刚开放的建兰，楚楚可怜，文弱纤细，小脚像一弯月牙，又如刚刚出水的红菱，矜持高贵，寡言少笑，妓院姐妹和客人想方设法和她开玩笑，百般嘲弄轻薄，还是不能换她展颜一笑。王月生擅长楷书，善画兰花、竹子和水仙，也会唱吴歌，只是不轻易开口。南京的功臣显贵用尽手段请了她来，也不能让她相陪吃完一顿饭。富商权贵们请她到席要花很长时间，须提前一天送上请帖定金，不是十两也要五两，不敢随意轻慢。若想和她享鱼水之欢，不提前一两个月下聘金的话，一年到头也是等不到的。

王月生爱喝茶，与闵老子交好，即使大风大雨、出席大宴会，她也必定到闵老子家里喝几壶茶才离开。与她交往的人里如有中意的，也约在闵老子家见面。一天，闵老子家的邻居、一个大商人，邀了青楼中十几个妓女，聚在一起嬉闹，围成一圈纵饮狂欢。月生站在露台上，倚靠着栏杆，面露羞涩，那群妓女见了月生都自叹不如，躲到一旁去了。

月生为人寒淡，像孤高的梅花和清冷的月亮，如冰霜般孤高自傲，不喜与低俗的人交往；有人经常同她对面而坐，月生视若无睹。有个公子包养她，和她一同起居，朝夕相对半个月，竟然没有听她说过一句话。有一天她嘴里嘟嘟囔囔的，帮闲惊喜万分，马上跑着去告诉公子说："月生开口说话了！"大家七嘴八舌，以为这是吉祥之兆，急忙跑过去等着她开口说话，月生面红耳赤，一会儿欲言又止，公子一再请求，月生羞涩地吐出两个字："回家。"

## 张东谷好酒

我们家自太仆公以来都以豪饮著称，后来酒量却一代不如一代，我父亲和叔叔们都喝不了一点酒，连吃酒糟茄子脸都会发红，家常宴会，父亲和叔叔们只因为留心烹饪技艺，便精通庖厨美食，张府也就成了江南第一美食之家。一盘菜端上来，几兄弟便风卷残云，吃饱后就离席，整场宴席不曾端过酒杯。有客人在席上，不待客人告辞，他们就先行离席。

山人张东谷是个好酒之人，没有酒喝就闷闷不乐。有一天他起身对我父亲说："你们兄弟也是奇怪！只顾一个劲地吃肉，也不管好吃不好吃；酒只是不喝，也不知会喝不会喝。"这两句话说得很有韵味，有晋人的风味。最近有个无知之徒把这件事记载到《舌华录》里，说："张氏兄弟，禀赋奇特！肉不论好坏，只管吃；酒不管好坏，只是不喝。"平实生硬，意思相去千里，世上还真有不少点金成铁的人啊！

东谷善于说笑话，穷得无立锥之地。他与恶少打官司，恶少指控东谷是拥有万金的富豪，东谷急忙跑来向我祖父诉苦："你们绍兴人真是可恶，当面撒谎，说我是万金富豪！"祖父常常拿这事来说笑。

## 楼 船

我父亲建的楼，像个船的形状，造的船倒是像座楼。所以家乡的人说船楼或说楼船，颠来倒去也都无所谓。楼船落成那天是七月十五，从祖父以下，家里的男女老少全部聚集过去。用好几层木排搭台唱戏，城中和乡村里跑来看戏的，大大小小有几千艘船。午后狂风突起，巨浪滔天，大雨如注，楼船孤立在岸边，大风狂扫，几乎要将它倾覆。我们用木排做成拴绳桩拴住几千条缆绳，像渔网一样把楼船紧紧地绑住，狂风再也不能撼动它。过了一会儿风平息了，接着把戏演完才散场。越中的船像贝壳一样小，狭窄局促像是在篷子底下看山，又如同矮子看戏，仅仅看得到鞋子而已，高高的楼船视野开阔，美丽的山水可以一览无余了。

## 阮圆海戏

阮圆海家的优伶，讲究剧情，讲究情理，讲究线索关节，与其他轻率的戏班子不同。他们所演唱的剧本都是主人亲自撰写的，字字句句描摹深刻，苦心孤诣，这与其他鲁莽的戏班子又不同。所以他们搬上舞台表演的戏曲本本都很出色，每个角色、每出曲目、每句唱词、每字念白都出色。我在他们家观看了《十错认》《摩尼珠》《燕子笺》三出戏，戏曲中的架构串连、插科打诨以及演员的意态眼神，主人都细细地跟他们讲得明明白白。演员知道了戏曲的意义况味，了解了其中的意图主旨，所以咬文嚼字、行腔吞吐都让人回味无穷。

至于《十错认》中的龙灯和紫姑，《摩尼珠》中的走解和猴戏，《燕子笺》中的飞燕、舞象、波斯进宝和纸札装扮，无不尽情刻画，所以也显得越发出色。阮圆海很有才华，但遗憾的是他心神不静，他所编的那些剧中，十分之七是咒骂世人，十分之三是自我解嘲，大多是诋毁东林党，为魏忠贤阉党辩护，被士人君子所唾弃，因此他写的传奇不太出名。如果只从戏曲的角度来评价，他的确是独树一帜，不落俗套。

## 巘花阁

巘花阁坐落在筠芝亭的松峡下，山崖层层叠叠，古木参天高出山林，秋天红叶尽染。山坡下深沟里溪水回旋曲折，沟底石头棱棱凸起，与溪水相砥砺。巘花阁没有门槛和窗户，地上没起高楼，不建露台，却是意韵无穷。五雪叔从广陵回来，装了一肚子园林楼阁，于是就在这里小试牛刀。建露台、亭子、走廊、栈道，在照面楼的旁边又建厅堂、阁楼，栽种梅花盘旋缠绕在园子里，未免失之呆板，不实用而拥挤，反倒有些局促，就像石窟里偏偏放着书籍砚台。隔着流水看山峦、楼阁，看堆满石头的山脚，看松峡上的松树，反倒比从山外更能看清庐山的真面目。五雪叔嘱托我作一副对联，我说："身在襄阳袖石里，家来辋口扇图中。"其实是说巘花阁太小家子气了。

## 范与兰

范与兰七十三岁了，爱弹古琴，喜欢种植兰花以及盆池小景。他有三十多缸建兰，每缸都有簸箕那么大。夏天是早上抬进屋里，晚上抬到屋外；冬天是早上抬到屋外，晚上抬进屋里；

养花的长工非常辛苦，不比干农活的长工轻松。建兰开花的时候，香气飘出一里开外，客人来坐一会儿，便香气沾衣，三五天都不会散。

兰花开时我去他家，或坐或躺不肯离开，建兰香气非常浓烈刺鼻。我不敢嗅，只好张开口吞下去，香气竟像水汽一般四溢。花谢了，花瓣被当成粪土一样装满簸箕，我不忍心倒掉，便和与兰商量说："花瓣可以煎面粉，可以用蜜浸成甜点，可以用火烘焙成茶，为什么不吃了呢?"与兰同意了我的提议。

与兰少年时曾跟王明泉学琴，能够弹奏《汉宫秋》《山居吟》《水龙吟》三支曲子。后来见识了王本吾的琴艺，大加称赞，便把以前学的全都抛弃，跟着王本吾重新学，半年时间终于学了一首《石上流泉》，弹得还很生疏。王本吾一走，他很快就忘了指法，以前学的琴法他又刻意忘掉了，再也记不起来，最后竟连一个音符都弹不出来，每天拨弄着古琴，只能弹弹和弦而已。

他养的盆景中有一盆豆板黄杨，枝干苍老古朴，甚是奇妙，花盆和石头也搭配得很好。朱樵风想用二十两银子买下来，与兰不肯，他非常珍爱这个盆景，把它称作"小妾"。我硬是借了过来，在自己的书桌上放了三个月，有一根垂下的枝干枯萎了，我很后悔惋惜，急忙抬走还给与兰。与兰见了惊慌不已，手足无措，煮了人参汤浇灌黄杨，日夜抚摸不肯松手，一个月后，枯枝竟然复活了。

## 蟹 会

食品不必添加盐和醋却五味俱全的只有蚶子与河蟹。河蟹到了十月份和水稻、高粱一起成熟，蟹壳像盘子那般大小，中间隆起，蟹钳像拳头一般大小，小脚里的肉十分肥满，油油的像蚯蚓一样。掀开蟹壳，肥腻的蟹膏堆积着，如玉脂，像珀屑，成团地结在一起，没有散开，甘美异常，就连八珍也没有它美味。

每到十月，我和朋友、兄弟们就会成立一个蟹会，约在午后相聚，煮河蟹吃。每人吃六只，放冷了恐腥气重，在锅里不断加热。配着吃一些肥美的腊鸭、牛乳酪之类。醉蚶色泽像琥珀，用鸭汤把白菜煮得像笋子一样。再配些谢橘、风栗、风菱。喝的是玉壶冰酒，菜肴是兵坑产的笋子，米饭是用新出的余杭白米煮的，漱口是用的兰雪茶。现在回想起来，当真像是天上的庖厨做给仙人吃的美味，酒足饭饱，想想都觉得惭愧啊。

## 露 兄

崇祯癸酉年（1633），有人开了一家茶馆，水是玉带泉的水，茶是兰雪茶，茶水是刚煮的，因此没有残茶，器皿时时洗涤，没有脏的茶具。茶的火候和茶水冲泡时机，也常常拿捏很到位。我很喜欢这家茶馆，给它取名叫“露兄”，取自米芾“茶甘露有兄”的句子，并给它作了一篇《斗茶檄》：“嗜茶成癖者自古有之；龙山瑞草配以日铸雪茶，向来被称为越中一绝。只是因为烹煮不得法，一直以来使煮茶的炉灶蒙受尘埃；加上没人能品茶鉴赏，导致陆羽的《茶经》无人问津，生起蛀虫。

“近来选了如此佳境胜地，又重新办起茶社。水是取自玉带泉，经过斗茶选定了最好的兰雪茶。寻常的瓜子和炒豆，就不必一定要瑞草桥边的，柑橘柚子和楂梨则一定是出自仲山的果园。即使是八功德水，也无外乎甘甜柔滑、清香洁净、清凉爽口；七件家常事，可以不管柴、米、油、盐、酱、醋，只管茶一件事。‘何可一日无此君？’王子猷的竹子可与此齐名了。‘七碗吃不得也’，卢仝在世也不一定懂得茶的滋味。泡一壶茶，以佐清谈；焚半榻香，相约共醉。”

## 闰元宵

崇祯庚辰年（1640）闰正月，我与越中的父老乡亲约定重新举办五夜灯会。我作了一篇灯会致辞：“两度遇上元旦，今年的闰月成于摄提星出现的时候；再次恰逢正月，正是上天赐予人们的闲暇之月。《春秋传》详细记载了二百四十二年间的事情，其中‘春王正月’，孔子没有重复书写；乾德五年（967），宋太祖亲自下诏，开封府改为正月十七和十八夜里放灯。

“闰正月的情形实在是三生一见的奇遇，何其有幸今日竟让我们遇见了；这百年一遇的佳期，我们须效仿古人秉烛夜游。何况我们越中是蓬莱仙境、福地洞天。长江以东，百姓安居乐业；海岸以北，社会安定，波澜不兴。人民生活和乐，共享太平世界；从蛮荒之地来的人，都说中国有圣人。千百个国家来朝拜，进贡的白雉数不胜数；崇祯皇帝即位十三年来，像张良尊敬老人为之拾鞋的传说屡有验证。嗜酒者举起杯来，让我们纵情豪饮屠苏酒；勤奋向学之人，可以暂且丢下太乙真人吹燃的藜杖。上次元宵节，因为雪花嫉妒灯市也来凑热闹，上天也知道要装点丰收之年；后来的灯节，想要与月亮相约，人们不该错过这个盛大的灯节。六鳌岿然不动，单说飞来山，即使鸡犬见到也不会害怕；百兽之灯悬挂在屋里，据说它们是来守护海滨，只看得见鱼鳖。

"笙箫之声嘈杂乱耳，其制作材料源自柯亭；花花草草摆满街巷，好像把《兰亭集序》带到兰渚来。男男女女像浪潮一样涌动，撼动着整个绍兴城；车马辚辚，似雷声轰响，唤醒了龙山。何况现在恰逢五谷丰登之年，人们登山乞粮，而元宵之雪自兆丰年；并且又是科举考试之年，皇帝赐予恩宠，两榜必定能高中两元。不要轻视这五夜的灯火之乐，还要望眼欲穿到什么时候？试问那些百岁老人，一辈子经历过几次这样的盛会？祈求志同道合之人，不要辜负了这样美好的夜晚。谨借这一方信纸，宣传公告。"

# 合采牌

我做了一副文武牌，制作时用纸取代骨头，以便于角斗。燕客也雕刻了一副牌，集合了天下斗虎、斗鹰、斗豹之类的各种牌，名目繁多，叫作“合采牌”。我为这副牌作了一篇序文：“太史公说：‘凡是编了户籍在册的老百姓，对于财富比自己多出十倍的人就会低声下气，多出百倍的就会惧怕，多出千倍的就会被人役使，多出万倍的就会为人奴仆，这是世上颠扑不破的真理。’古人认为钱的名字不太文雅，缙绅先生不愿开口提它，所以就换了名字，就叫赋、叫禄或叫饷，距离天子千里之外的地方称为采。

“所谓采，就是采集当地的精美产物作为贡品献给天子，就像赋税一样。各诸侯在天子所设置县里的土地就叫作采邑，把土地分封给他的子孙也叫采，名字叫法不一样，其实都是粮食、饭食的称谓。周朝实行分封制，有很多诸侯的采邑，所以才强盛，秦朝没有采邑因此灭亡。分封采邑的权力下移，周天子没有力量将它们合并，而齐桓公和晋文公强大起来。西汉的列国有采邑却被瓜分掉，这是主父偃的计谋。从此衍生出分封辅佐之臣和内侍之臣采邑的习俗，好官也只不过多得一些采邑而已。依此类推，小偷也叫采，大盗也叫采，鹰、虎、豹从此被选择画在牌子上。然而为什么不禁止呢？孟子说：‘小的役使大的，弱的役使强的，这都是天意。’《皋陶谟》里说：‘人若有好的德行，必须举众多事例说明！’采是真的少吗？真是说得很对啊，真的到处都是啊!”

## 瑞草溪亭

瑞草溪亭位于龙山的支脉上，与屋子一样高。燕客发现下面有奇石，就亲自拿着土筐和铁锹，身先士卒，带领工匠们挖掘。看见土挖土，看见石头垒石头，挖了有三丈深，这才与地基相平，于是就在这上面建屋子。屋子今天建起，明天又拆了，后天又建，大后天又拆了，来来回回拆建十七次，新的溪亭才最终建好。这里没有小溪，就挖条小溪，一条小溪又嫌不够，干脆又挖成小坑，挖条深沟，一天之中召集几千工匠，索性又挖成个池子，索性又加宽一亩，再索性加深八尺。没有水就挑水灌满池子，池子中留下一块像案板样的石头，水绕着石头回旋流动，别有意趣。燕客觉得山石是新近开凿的，意境不够苍莽古朴，于是就拿马粪涂抹山石，让上面长出苔藓，但苔藓又不能立刻长出来，于是他又让画匠用石青、石绿把山石涂染成蓝色和绿色。

有一天他左右端详，说这石案怎么可以没有几棵天目松盘旋蓊郁地生长在上面呢？于是又高价买来五六棵天目松，凿开石案栽种在上面，石案承受不住铁锹的力道，就崩裂了，于是石头也不是那块石头，树也不是那棵树，石案也不是那条石案了。燕客大怒，连夜把石案凿成砚台山的形状，因为缺了一角，所以就抬来一块石头补上。燕客性子急躁，种了树又等不及它们长大，干脆移来大树栽种，移种的树死了，又去寻大树来补种。简直是种不死不罢休，种死了又一直种个不停。所以他种的树是不得不死，然而也不会死个痛快。

新建的溪亭比原来的旧址要低四丈，建亭子的时候把土运到东边，堆成了高山，一亩大的地方，沧海变桑田。人们看到建好了一栋房子，必要坐在那里观看，因为或许隔一个晚上这房子就没了。所以溪亭虽然渺小，却花费了上万的巨资。燕客读小说，看到这么一个故事："姚崇梦中游地狱，到一个大厂里，看见有几千副熔炉，有好几千个恶鬼在那里忙着铸造。姚崇问他们在干什么，他们回答说：'为燕国公铸造横财。'后来又到一处，见那炉灶破败不堪，只有一两个疲倦的鬼在那里鼓风箱，奄奄一息，没有力气，姚崇问他们在干什么，他们回答说：'这是先生您的财库。'姚崇醒来后感叹道：'燕国公豪华奢侈，大概是上天放任的啊！'"燕客很喜欢这个故事，于是就以"燕客"作为自己的号。我二叔的家业有四五万两银子，燕客到手就败光了。

甲申年（1644），二叔在淮安去世，燕客前去奔丧，二叔生前所积蓄的俸禄以及古玩、钱币和丝绸布帛之类价值两万多两银子，燕客携带回家，不到三个月就花得一干二净，当时的人都把他跟鱼弘四尽相比。溪亭的住宅被他一边建造，一边改造，一边变卖，翻山倒水地折腾个没完。有个叫夏耳金的人，制灯笼，剪彩纸，也是成日折腾个没完。人们称耳金为"败落隋炀帝"，称燕客为"穷极秦始皇"，可博世人一笑。

# 嫏嬛福地

我做梦有前世因缘，常常梦见一座石厂，那里山势险峻，岩穴幽深曲折，石屋前面有湍急回旋的溪水，水花像白雪一样落下，松树和石头奇特古朴，夹杂着名贵的花草。我梦见自己坐在其中，有童子送上茗茶水果，书籍堆满书架，打开书来看，多是些像蝌蚪、鸟爪印痕、霹雳一般的篆书，我在梦里阅读它们，似乎能读懂这些艰涩难懂的字。闲居无事，夜里梦到这番景象，醒来静静思量，想寻块好地方，照梦中景象建造一座石屋。

郊外有座小山，山石嶙峋，上面长着许多竹子，倒伏在园子里。我想造一个屋子，厅堂东西朝向，前后建有小轩，后面垒一个石坪，种上几棵黄山松，两边用奇石筑一道峡谷。厅堂前面种两棵娑罗树，给屋子阴凉的树荫。左边建个空房子，正对着山脚，石阶像牙齿般排列整齐，又像划裂的试剑石，匾额上写着“一丘”。右边再建三间棚舍，前面正对着大池，秋水澄澈，可以在浓密的柳树下读书。这里的匾额上书“一壑”。

沿着山向北，是一些禅修的小屋，曲折蜿蜒地坐落在山间，这里有古木，有层层叠叠的山崖，有小溪涧，有幽静的竹林，节节灵动，颇有风致。山的尽头有个风水很好的穴地，可以用来建造坟墓，等我死了就埋在这里，石碑上刻着“呜呼有明陶庵张长公之圹”。坟墓左边有一亩多的空地，搭一座草庵，供奉佛祖，供上我的画像，请僧人在这里主持并供奉香火。

大塘面积有十多亩，塘外面有小河转三四个弯，小船可以划进来。河的两岸都是高山，可以种果木，植上橘树、梅树、梨树、枣树，用枸杞和菊花作围栏。山顶可以建一座亭子。山的西面有二十亩肥沃的田地，可以种稻子和高粱。门口正对大河，建个小楼，可在楼上远瞰炉峰、敬亭等山。楼下建一道门，门额写着“嫏嬛福地”。沿河往北走，有一座古朴的石桥，上有小树，可静坐，可沐风，可赏月。

# 自 序

陶庵国破家亡，无所归止。披发入山，駴駴[1]为野人。故旧见之，如毒药猛兽，愕窒[2]不敢与接。作《自挽诗》，每欲引决，因《石匮书》未成，尚视息[3]人世。然瓶粟屡罄，不能举火。始知首阳二老[4]，直头饿死，“不食周粟”，还是后人妆点语也。

饥饿之余，好弄笔墨。因思昔人生长王、谢，颇事豪华，今日罹此果报：以笠报颅，以蒉[5]报踵，仇簪履也；以衲[6]报裘，以苎报絺[7]，仇轻暖也；以藿[8]报肉，以粝报粻[9]，

---

① 駴駴（hài）：同“骇骇”，令人惊异的样子。

② 愕窒：不敢喘气，害怕接近。

③ 视息：仅存视觉、呼吸等。谓苟全活命。

④ 首阳二老：伯夷、叔齐是商末孤竹国君的两个儿子。武王灭商后，他们耻食周粟，采薇而食，饿死于首阳山。

⑤ 蒉（kuì）：草编的筐子。这里指草鞋。

⑥ 衲：补裰的衣服。

⑦ 絺（chī）：细葛布。

⑧ 藿：豆叶，嫩时可食。

⑨ 以粝报粻（zhāng）：以粗粮代替精米。粝，粗米。粻，粮米。此处指精米。

仇甘旨也；以荐[1]报床，以石报枕，仇温柔也；以绳报枢，以瓮报牖[2]，仇爽垲[3]也；以烟报目，以粪报鼻，仇香艳也；以途报足，以囊报肩，仇舆从[4]也。种种罪案，从种种果报中见之。

鸡鸣枕上，夜气[5]方回。因想余生平，繁华靡丽，过眼皆空，五十年来，总成一梦。今当黍熟黄粱，车旋蚁穴，当作如何消受？

遥思往事，忆即书之，持向佛前，一一忏悔。不次岁月，异年谱也；不分门类，别《志林》也。偶拈一则，如游旧径，如见故人，城郭人民，翻用自喜，真所谓痴人前不得说梦矣。

昔有西陵脚夫，为人担酒，失足破其瓮，念无以偿，痴坐伫想，曰："得是梦便好！"一寒士乡试中式，方赴鹿鸣宴[6]，恍然犹意未真，自啮其臂曰："莫是梦否？"一梦

---

① 荐：草褥子。

② 以绳报枢，以瓮报牖（yǒu）：用绳子做门轴，用破瓮做窗户，表示家境贫寒。

③ 爽垲（kǎi）：指明亮干燥的房子。

④ 舆从：舆，车、轿。从，随从的人。

⑤ 夜气：指良善之心。《孟子·告子上》："夜气不足以存，则其违禽兽不远矣。"孟子认为，天刚亮时的清明之气能养善念。其后多用"夜气"比喻善念。

⑥ 鹿鸣宴：唐代乡试后，州县长官宴请考中举子的宴会。因宴会时歌《诗经·小雅·鹿鸣》之章，故名。

耳，惟恐其非梦，又惟恐其是梦，其为痴人则一也。

余今大梦将寤，犹事雕虫，又是一番梦呓。因叹慧业文人，名心难化，政如邯郸梦断，漏尽钟鸣，卢生遗表，犹思摹拓[①]二王，以流传后世。则其名根一点，坚固如佛家舍利，劫火猛烈，犹烧之不失也。

---

① 摹拓：直接将书法作品从原迹上描摹下来。

# 卷 一

# 钟　山

钟山上有云气，浮浮冉冉，红紫间之，人言王气，龙蜕[①]藏焉。高皇帝与刘诚意[②]、徐中山[③]、汤东瓯[④]定寝穴，各志其处，藏袖中。三人合，穴遂定。门左有孙权墓，请徙。太祖曰："孙权亦是好汉子，留他守门。"

及开藏，下为梁志公和尚[⑤]塔，真身不坏，指爪绕身数匝。军士畚[⑥]之不起。太祖亲礼之，许以金棺银椁，庄田三百六十，奉香火，舁灵谷寺塔之。今寺僧数千人，日食一庄田焉。陵寝定，闭外羡，人不及知。所见者，门三、飨殿一、寝陵一，后山苍莽而已。

壬午七月，朱兆宣簿太常[⑦]，中元祭期，岱观之。飨殿深穆，暖阁去殿三尺，黄龙幔幔之。列二交椅，褥以黄

① 龙蜕：龙蜕下的皮。一说是"龙蜕骨"，即龙蜕下的骨头。

② 刘诚意：刘基，字伯温，处州青田（今浙江温州文成县）人，元末明初军事家、政治家、文学家，明朝开国元勋。洪武三年（1370）封诚意伯，故又称刘诚意。

③ 徐中山：徐达，字天德，濠州钟离（今安徽凤阳）人，明朝开国军事统帅，淮西二十四将之一。死后追封中山王。

④ 汤东瓯：汤和，字鼎臣，濠州钟离人，明朝开国功臣，军事将领。死后追封东瓯王。

⑤ 志公和尚：南朝齐、梁时僧人，又称宝志和尚。

⑥ 畚（jú）：古代一种运土的器具。

⑦ 太常：太常寺的省称。太常寺卿是古代的一个官职名称，属于祭祀的长官。

锦，孔雀翎织正面龙，甚华重。席地以毡，走其上必去舄[①]轻趾。稍咳，内侍辄叱曰："莫惊驾！"

近阁下一座，稍前为硕妃，是成祖生母。成祖生，孝慈皇后衽为己子，事甚秘。再下，东西列四十六席，或坐或否。祭品极简陋，朱红木簋、木壶、木酒樽，甚粗朴。簋中肉止三片，粉一铗，黍数粒，东瓜汤一瓯而已。暖阁上一几，陈小铜炉一、小箸瓶二、杯棬二。下一大几，陈太牢一、少牢一而已。他祭或不同，岱所见如是。

先祭一日，太常官属开牺牲所中门，导以鼓乐旗帜，牛羊自出，龙袱盖之。至宰割所，以四索缚牛蹄。太常官属至，牛正面立，太常官属朝牲揖，揖未起，而牛头已入焊[②]所。焊已，舁之飨殿。次日五鼓，魏国至，主祀，太常官属不随班，侍立飨殿。上祀毕，牛羊已臭腐不堪闻矣。平常日进二膳，亦魏国陪祀，日必至之。

戊寅，岱寓鹫峰寺。有言孝陵上黑气一股，冲入牛斗，百有余日矣。岱夜起视，见之。自是流贼猖獗，处处告警。壬午，朱成国与王应华奉敕修陵，木枯三百年者尽出为薪，发根，隧其下数丈，识者为伤地脉、泄王

---

① 舄（xì）：鞋。
② 焊（xún）：用开水烫后去毛。

气，今果有甲申之变，则寸斩应华亦不足赎也。孝陵玉石二百八十二年，今岁清明，乃遂不得一盂麦饭，思之猿咽。

## 报恩塔

中国之大古董，永乐之大窑器，则报恩塔是也。报恩塔成于永乐初年，非成祖开国之精神、开国之物力、开国之功令，其胆智才略足以吞吐此塔者，不能成焉。塔上下金刚佛像千百亿金身。一金身，琉璃砖十数块凑砌成之，其衣褶不爽分，其面目不爽毫，其须眉不爽忽，斗笋合缝，信属鬼工。闻烧成时，具三塔相，成其一，埋其二，编号识之。今塔上损砖一块，以字号报工部，发一砖补之，如生成焉。夜必灯，岁费油若干斛。

天日高霁，霏霏霭霭，摇摇曳曳，有光怪出其上，如香烟缭绕，半日方散。永乐时，海外夷蛮重译至者百有余国，见报恩塔，必顶礼赞叹而去，谓四大部洲所无也。

## 天台牡丹

天台多牡丹，大如拱把，其常也。某村中有鹅黄牡丹，一株三干，其大如小斗，植五圣祠前。枝叶离披，错出檐甃[①]之上，三间满焉。花时数十朵，鹅子、黄鹂、松花、蒸栗，萼楼穰吐，淋漓簇沓。土人于其外搭棚演戏四五台，婆娑乐神。有侵花至漂发者，立致奇祟。土人戒勿犯，故花得蔽芾[②]而寿。

## 金乳生草花

金乳生喜莳[③]草花。住宅前有空地，小河界之。乳生濒河构小轩三间，纵其趾于北，不方而长，设竹篱经其左。北临街，筑土墙，墙内砌花栏护其趾。再前，又砌石花栏，长丈余而稍狭。栏前以螺山石累山披数折，有画意。

草木百余本，错杂莳之，浓淡疏密，俱有情致。春以莺粟、虞美人为主，而山兰、素馨、决明佐之；春老以芍药为主，而西番莲、土萱、紫兰、山矾佐之。夏以洛阳花、建兰为主，而蜀葵、乌斯菊、望江南、茉莉、杜若、珍珠兰佐之。秋以菊为主，而剪秋纱、秋葵、僧鞋菊、万寿芙蓉、老少年、秋海棠、雁来红、矮鸡冠佐之。冬以水仙为

① 檐甃（zhòu）：泛指屋檐墙壁。
② 蔽芾（bì fèi）：草木茂盛貌。
③ 莳（shì）：栽种。

主，而长春佐之。其木本如紫白丁香、绿萼、玉楪、蜡梅、西府、滇茶、日丹、白梨花，种之墙头屋角，以遮烈日。

乳生弱质多病，早起，不盥不栉，蒲伏阶下，捕菊虎，芟[①]地蚕，花根叶底，虽千百本，一日必一周之。癃头者火蚁，瘠枝者黑蚰，伤根者蚯蚓、蜒蝣，贼叶者象干、毛猬。火蚁，以鲞骨、鳖甲置旁，引出弃之。黑蚰，以麻裹箸头，捋出之。蜒蝣，以夜静持灯，灭杀之。蚯蚓，以石灰水灌河，水解之。毛猬，以马粪水杀之。象干虫，磨铁线，穴搜之。事必亲历，虽冰龟其手，日焦其额，不顾也。青帝喜其勤，近产芝三本，以祥瑞之。

## 日月湖

宁波府城内，近南门，有日月湖。日湖圆，略小，故日之；月湖长，方广，故月之。二湖连络如环，中亘一堤，小桥纽之。

日湖有贺少监[②]祠。季真朝服拖绅，绝无黄冠气象。

---

① 芟（shān）：除草。

② 贺少监：贺知章，唐代诗人、书法家。字季真，晚年自号“四明狂客”“秘书外监”，越州永兴（今浙江杭州萧山区）人。后历任礼部侍郎、秘书监、太子宾客等职。

祠中勒唐玄宗《饯行》诗以荣之。季真乞鉴湖归老，年八十余矣。其《回乡》诗曰：“幼小离家老大回，乡音无改鬓毛衰。儿孙相见不相识，笑问客从何处来。”八十归老，不为早矣，乃时人称为“急流勇退”，今古传之。季真曾谒一卖药王老，求冲举之术，持一珠贻之。王老见卖饼者过，取珠易饼。季真口不敢言，甚懊惜之。王老曰：“悭吝未除，术何由得!”乃还其珠而去。则季真直一富贵利禄中人耳。《唐书》入之《隐逸传》，亦不伦甚矣。

月湖一泓汪洋，明瑟可爱，直抵南城。城下密密植桃柳，四围湖岸，亦间植名花果木以萦带之。湖中栉比，皆士夫园亭，台榭倾圮，而松石苍老。石上凌霄藤有斗大者，率百年以上物也。四明缙绅，田宅及其子，园亭及其身。平泉木石[①]，多暮楚朝秦。故园亭亦聊且为之，如传舍衙署焉。屠赤水娑罗馆亦仅存娑罗而已。所称“雪浪”等石，在某氏园久矣。

清明日，二湖游船甚盛，但桥小，船不能大。城墙下址稍广，桃柳烂漫，游人席地坐，亦饮亦歌，声存西湖[②]一曲。

---

① 平泉木石：唐代李德裕在洛阳平泉建别墅，谓“以吾平泉一草一木与人者，非吾子孙也”。其后李去世，其子孙遭杀身之祸，平泉遂为荒芜。

② 西湖：即月湖。杭州日月湖，在宋以后称湖之南为日湖，湖之西北部为西湖，也叫鉴湖。故此处西湖即为月湖。

## 金山夜戏

崇祯二年中秋后一日，余道镇江往兖。日晡，至北固，舣舟江口。月光倒囊入水，江涛吞吐，露气吸之，噀[①]天为白。余大惊喜。移舟过金山寺，已二鼓矣。经龙王堂，入大殿，皆漆静。林下漏月光，疏疏如残雪。

余呼小仆携戏具，盛张灯火大殿中，唱韩蕲王金山及长江大战诸剧。锣鼓喧填，一寺人皆起看。有老僧以手背摋眼翳，翕然张口，呵欠与笑嚏俱至。徐定睛视，为何许人，以何事何时至，皆不敢问。剧完将曙，解缆过江。山僧至山脚，目送久之，不知是人、是怪、是鬼。

## 筠芝亭

筠芝亭，浑朴一亭耳。然而亭之事尽，筠芝亭一山之事亦尽。吾家后此亭而亭者，不及筠芝亭；后此亭而楼者、阁者、斋者，亦不及。总之，多一楼，亭中多一楼之碍；多一墙，亭中多一墙之碍。太仆公造此亭成，亭之外更不增一椽一瓦，亭之内亦不设一槛一扉，此其意有

---

① 噀（xùn）：含在口中而喷出。

在也。

亭前后，太仆公[1]手植树皆合抱，清樾轻岚，滃滃翳翳，如在秋水。亭前石台，躐[2]取亭中之景物而先得之。升高眺远，眼界光明。敬亭诸山，箕踞麓下；溪壑潆回，水出松叶之上。台下右旋，曲磴三折，老松偻背而立，顶垂一干，倒下如小幢；小枝盘郁，曲出辅之，旋盖如曲柄葆羽。癸丑以前，不垣不台，松意尤畅。

## 砎园

砎园，水盘据之，而得水之用，又安顿之若无水者。寿花堂，界以堤，以小眉山，以天问台，以竹径，则曲而长，则水之。内宅，隔以霞爽轩，以酣漱，以长廊，以小曲桥，以东篱，则深而邃，则水之。临池，截以鲈香亭、梅花禅，则静而远，则水之。缘城，护以贞六居，以无漏庵，以菜园，以邻居小户，则閟而安，则水之用尽。而水之意色，指归乎庞公池之水。庞公池，人弃我取，一意向园，目不他瞩，肠不他回，口不他诺，龙山夔蚭，三折就之，而水不之顾。人称砎园能用水，而卒得水力焉。

---

① 太仆公：张岱的高祖父张天复官至云南按察副使，甘肃行太仆卿，故称太仆公。

② 躐（liè）：超越。指最先看到。

大父在日，园极华缛。有二老盘旋其中，一老曰：“竟是蓬莱阆苑了也！”一老咈之曰：“个边那有这样？”

## 葑门荷宕

天启壬戌六月廿四日，偶至苏州，见士女倾城而出，毕集于葑门外之荷花宕。楼船画舫，至鱼艭小艇，雇觅一空。远方游客，有持数万钱无所得舟，蚁旋岸上者。

余移舟往观，一无所见。宕中以大船为经，小船为纬，游冶子弟，轻舟鼓吹，往来如梭。舟中丽人，皆倩妆淡服，摩肩簇舄，汗透重纱。舟楫之胜以挤，歌吹之胜以集，男女之胜以溷[①]，歊[②]暑燂烁，靡沸终日而已。

荷花宕经岁无人迹，是日，士女以鞋靸不至为耻。袁石公曰：“其男女之杂，灿烂之景，不可名状。大约露帏则千花竞笑，举袂则乱云出峡，挥扇则星流月映，闻歌则雷辊涛趋。”盖恨虎丘中秋夜之糊模躲闪，特至是日而明白昭著之也。

---

① 溷（hùn）：此指混杂。
② 歊（xiāo）：炎热。

## 越俗扫墓

越俗扫墓，男女袨服靓妆，画船箫鼓，如杭州人游湖，厚人薄鬼，率以为常。二十年前，中人之家尚用平水屋帻船，男女分两截坐，不坐船，不鼓吹。先辈谑之曰："以结上文两节之意。[①]"后渐华靡，虽监门小户，男女必用两坐船，必巾，必鼓吹，必欢呼畅饮。下午必就其路之所近，游庵堂寺院及士夫家花园。鼓吹近城，必吹《海东青》《独行千里》，锣鼓错杂。酒徒沾醉，必岸帻嚣嚎，唱无字曲，或舟中攘臂，与侪列厮打。自二月朔至夏至，填城溢国，日日如之。

乙酉，方兵画江而守，虽鱼艬菱舠，收拾略尽。坟垅数十里而遥，子孙数人挑鱼肉楮钱，徒步往返之，妇女不得出城者三岁矣。萧索凄凉，亦物极必反之一。

## 奔云石

南屏石无出奔云右者。奔云得其情，未得其理。石如

① 以结上文两节之意：朱熹在《四书章句集注》中常用的一句话。盖引《集注》之语形容上坟搭船时男女分坐两截之景。

滇茶一朵，风雨落之，半入泥土，花瓣棱棱，三四层折。人走其中，如蝶入花心，无须不缀[①]也。

黄寓庸先生读书其中，四方弟子千余人，门如市。余幼从大父访先生。先生面黧黑，多髭须，毛颊，河目海口，眉棱鼻梁，张口多笑。交际酬酢，八面应之。耳聆客言，目睹来牍，手书回札，口嘱傒奴，杂沓于前，未尝少错。客至，无贵贱，便肉、便饭食之，夜即与同榻。余一书记往，颇秽恶，先生寝食之不异也，余深服之。

丙寅至武林，亭榭倾圮，堂中窀先生遗蜕，不胜人琴[②]之感。余见奔云黝润，色泽不减，谓客曰："愿假此一室，以石磥门，坐卧其下，可十年不出也。"客曰："有盗。"余曰："布衣褐被，身外长物则瓶粟与残书数本而已。王弇州不曰：'盗亦有道也'哉？"

## 木犹龙

木龙出辽海，为风涛漱击，形如巨浪跳蹴，遍体多着

---

① 无须不缀："缀"疑为"啜"。张岱《小蓬莱奔云石》诗："滇茶初着花，忽为风雨落。簇簇起波棱，层层界轮廓。如蝶缀花心，步步堪咀嚼……"此诗可与此文对读。

② 人琴：人琴俱亡。为睹物思人，痛悼亡友之典。

波纹，常开平王得之辽东，輂至京。开平第毁，谓木龙炭矣。及发瓦砾，见木龙埋入地数尺，火不及，惊异之，遂呼为龙。

不知何缘出易于市，先君子以犀觥十七只售之，进鲁献王，误书“木龙”犯讳，峻辞之，遂留长史署[①]中。先君子弃世，余载归，传为世宝。

丁丑诗社，恳名公人赐之名，并赋小言咏之。周墨农字以“木犹龙”，倪鸿宝字以“木寓龙”，祁世培字以“海槎”，王士美字以“槎浪”，张毅儒字以“陆槎”，诗遂盈帙。

木龙体肥痴，重千余斤，自辽之京、之兖、之济，由陆。济之杭，由水。杭之江、之萧山、之山阴、之余舍，水陆错。前后费至百金，所易价不与焉。

呜呼，木龙可谓遇矣！余磨其龙脑尺木[②]，勒铭志之，曰：“夜壑风雷，骞槎化石；海立山崩，烟云灭没；谓有龙焉，呼之或出。”又曰：“扰龙张子，尺木书铭；何以似之？秋涛夏云。”

---

① 长史署：张岱的父亲曾任鲁献王的右长史。

② 尺木：龙之专有名词，龙首上有一额突称“尺木”。

# 天砚

少年视砚，不得妍丑。徽州汪砚伯至，以古款，废砚立得重价，越中藏石俱尽。阅砚多，砚理出。

曾托友人秦一生为余觅石，遍城中无有。山阴狱中大盗出一石，璞耳，索银二斤。余适往武林，一生造次不能辨，持示燕客。燕客指石中白眼曰："黄牙臭口，堪留支桌。"赚一生还盗。燕客夜以三十金攫去，命砚伯制一天砚，上五小星、一大星，谱曰"五星拱月"。

燕客恐一生见，铲去大小三星，止留三小星。一生知之，大懊恨，向余言。余笑曰："犹子比儿。"亟往索看。燕客捧出，赤比马肝，酥润如玉，背隐白丝，类玛瑙，指螺细篆，面三星坟起如弩眼，着墨无声，而墨沉烟起。

一生痴痞[1]，口张而不能翕。燕客属余铭，铭曰："女娲炼天，不分玉石；鳌血芦灰，烹霞铸日；星河溷扰，参横箕翕。"

---

① 痴痞（hāi）：痴呆。

## 吴中绝技

吴中绝技：陆子冈之治玉，鲍天成之治犀，周柱之治嵌镶，赵良璧之治梳，朱碧山之治金银，马勋、荷叶李之治扇，张寄修之治琴，范昆白之治三弦子，俱可上下百年，保无敌手。但其良工苦心，亦技艺之能事。至其厚薄深浅，浓淡疏密，适与后世赏鉴家之心力、目力针芥相投，是岂工匠之所能办乎？盖技也而进乎道矣。

## 濮仲谦雕刻

南京濮仲谦雕刻，古貌古心，粥粥若无能者，然其技艺之巧，夺天工焉。其竹器，一帚一刷，竹寸耳，勾勒数刀，价以两计。然其所以自喜者，又必用竹之盘根错节，以不事刀斧为奇，则是经其手略刮磨之，而遂得重价，真不可解也。

仲谦名噪甚，得其一款，物辄腾贵。三山街润泽于仲谦之手者，数十人焉，而仲谦赤贫自如也。于友人座间见有佳竹、佳犀，辄自为之。意偶不属，虽势劫之、利啖之，终不可得。

# 卷　二

# 孔庙桧

己巳，至曲阜谒孔庙，买门者门以入。宫墙上有楼耸出，扁曰“梁山伯祝英台读书处”，骇异之。

进仪门，看孔子手植桧。桧历周、秦、汉、晋几千年，至晋怀帝永嘉三年而枯。枯三百有九年，子孙守之不毁，至隋恭帝义宁元年复生。生五十一年，至唐高宗乾封三年再枯。枯三百七十有四年，至宋仁宗康定元年再荣。至金宣宗贞祐三年罹于兵火，枝叶俱焚，仅存其干，高二丈有奇。后八十一年，元世祖三十一年再发。至洪武二十二年己巳，发数枝，蓊郁；后十余年又落。摩其干，滑泽坚润，纹皆左纽，扣之作金石声。孔氏子孙恒视其荣枯，以占世运焉。

再进一大亭，卧一碑，书“杏坛”二字，党怀英笔也。亭界一桥，洙、泗水汇此。过桥，入大殿，殿壮丽，宣圣及四配、十哲俱塑像冕旒。案上列铜鼎三，一牺、一象、一辟邪，款制遒古，浑身翡翠，以钉钉案上。阶下竖历代帝王碑记，独元碑高大，用风磨铜赑屃[①]，高丈余。

左殿三楹，规模略小，为孔氏家庙。东西两壁，用小

① 赑屃（bì xì）：又称龟趺，是古代神话中龙生九子之一。

木扁书历代帝王祭文。西壁之隅，高皇帝殿焉。庙中凡明朝封号，俱置不用，总以见其大也。

孔家人曰：“天下只三家人家：我家与江西张、凤阳朱而已。江西张，道士气；凤阳朱，暴发人家，小家气。”

## 孔　林

曲阜出北门五里许，为孔林。紫金城城之，门以楼，楼上见小山一点，正对东南者，峄山也。折而西，有石虎、石羊三四，在榛莽中。过一桥，二水汇，泗水也。享殿后有子贡手植楷。楷大小千余本，鲁人取为材、为棋枰。享殿正对伯鱼墓，圣人葬其子得中气。由伯鱼墓折而右，为宣圣墓。去数丈，案一小山，小山之南为子思墓。数百武之内，父、子、孙三墓在焉。

谯周云：“孔子死后，鲁人就冢次而居者百有余家，曰‘孔里’。”《孔丛子》曰：“夫子墓茔方一里，在鲁城北六里泗水上。”诸孔氏封五十余所，人名昭穆，不可复识。有碑铭三，兽碣俱在。《皇览》曰：“弟子各以四方奇木来植，故多异树不能名。一里之中未尝产棘木、荆草。”紫金城外，环而墓者数千家，三千二百余年，子孙列葬不他徙，从古帝王所不能比隆也。

宣圣墓右，有小屋三间，扁曰“子贡庐墓处”。盖自兖州至曲阜道上，时官以木坊表识，有曰“齐人归讙处”，有曰“子在川上处”，尚有义理。至泰山顶上，乃勒石曰“孔子小天下处”，则不觉失笑矣。

## 燕子矶

燕子矶，余三过之。水势湁潗[①]，舟人至此，捷捽抒取，钩挽铁缆，蚁附而上。篷窗中见石骨棱层，撑拒水际，不喜而怖，不识岸上有如许境界。

戊寅到京后，同吕吉士出观音门，游燕子矶，方晓佛地仙都，当面蹉过之矣。登关王殿，吴头楚尾，是侯用武之地，灵爽赫赫，须眉戟起。

缘山走矶上，坐亭子，看江水潎洌[②]，舟下如箭。折而南，走观音阁，度索上之。阁傍僧院，有峭壁千寻，碚礌如铁；大枫数株，蓊以他树，森森冷绿。小楼痴对，便可十年面壁。今僧寮佛阁，故故背之，其心何忍？是年，余归浙，闵老子、王月生送至矶，饮石壁下。

---

① 湁潗（chì jí）：水沸涌貌。

② 潎洌（piē liè）：水流轻疾貌。

# 鲁藩烟火

兖州鲁藩烟火妙天下。烟火必张灯，鲁藩之灯，灯其殿、灯其壁、灯其楹柱、灯其屏、灯其座、灯其宫扇伞盖。诸王公子、宫娥僚属、队舞乐工，尽收为灯中景物。及放烟火，灯中景物又收为烟火中景物。

天下之看灯者，看灯灯外；看烟火者，看烟火烟火外。未有身入灯中、光中、影中、烟中、火中，闪烁变幻，不知其为王宫内之烟火，亦不知其为烟火内之王宫也。

殿前搭木架数层，上放“黄蜂出窠”“撒花盖顶”“天花喷礴”。四旁珍珠帘八架，架高二丈许，每一帘嵌孝、悌、忠、信、礼、义、廉、耻一大字。每字高丈许，晶映高明。下以五色火漆塑狮、象、橐驼之属百余头，上骑百蛮，手中持象牙、犀角、珊瑚、玉斗诸器，器中实“千丈菊”“千丈梨”诸火器。兽足蹑以车轮，腹内藏人，旋转其下，百蛮手中瓶花徐发，雁雁行行，且阵且走。移时，百兽口出火，尻亦出火，纵横践踏。端门内外，烟焰蔽天，月不得明，露不得下。看者耳目攫夺，屡欲狂易，恒内手持之。

昔者有一苏州人，自夸其州中灯事之盛，曰：“苏州此时有烟火，亦无处放，放亦不得上。”众曰：“何也?”曰：“此时天上被烟火挤住，无空隙处耳!”人笑其诞。于鲁府观之，殆不诬也。

## 朱云崃女戏

朱云崃教女戏，非教戏也。未教戏，先教琴，先教琵琶，先教提琴、弦子、箫、管，鼓吹、歌舞，借戏为之，其实不专为戏也。郭汾阳、杨越公、王司徒女乐，当日未必有此。丝竹错杂，檀板[①]清讴，入妙腠理，唱完以曲白终之，反觉多事矣。西施歌舞，对舞者五人，长袖缓带，绕身若环，曾挠摩地，扶旋猗那，弱如秋药。女官内侍，执扇葆璇盖、金莲宝炬、纨扇宫灯二十余人，光焰荧煌，锦绣纷叠，见者错愕。

云老好胜，遇得意处，辄盱目视客；得一赞语，辄走戏房，与诸姬道之，佹出佹入，颇极劳顿。且闻云老多疑忌，诸姬曲房密户，重重封锁，夜犹躬自巡历，诸姬心憎之。有当御者，辄遁去，互相藏闪，只在曲房，无可觅处，必叱咤而罢。殷殷防护，日夜为劳，是无知老贱自讨

① 檀板：简称板，因常用檀木制作而有檀板之名。唐玄宗时，因梨园乐工黄幡绰善奏此板，故又称绰板。

苦吃者也，堪为老年好色之戒。

## 绍兴琴派

丙辰，学琴于王侣鹅。绍兴存王明泉派者推侣鹅，学《渔樵问答》《列子御风》《碧玉调》《水龙吟》《捣衣环珮声》等曲。戊午，学琴于王本吾，半年得二十余曲：《雁落平沙》《山居吟》《静观吟》《清夜坐钟》《乌夜啼》《汉宫秋》《高山》《流水》《梅花弄》《淳化引》《沧江夜雨》《庄周梦》，又《胡笳十八拍》《普庵咒》等小曲十余种。

王本吾指法圆静，微带油腔。余得其法，练熟还生，以涩勒出之，遂称合作。同学者，范与兰、尹尔韬、何紫翔、王士美、燕客、平子。与兰、士美、燕客、平子俱不成，紫翔得本吾之八九而微嫩，尔韬得本吾之八九而微迂。余曾与本吾、紫翔、尔韬取琴四张弹之，如出一手，听者駴服。后本吾而来越者，有张慎行、何明台，结实有余而萧散不足，无出本吾上者。

# 花石纲遗石

越中无佳石。董文简斋中一石，磊块正骨，窋咤[①]数孔，疏爽明易，不作灵谲波诡，朱勔花石纲所遗，陆放翁家物也。文简竖之庭除，石后种剔牙松一株，辟咡负剑[②]，与石意相得。文简轩其北，名“独石”，轩石之，轩独之，无异也。石篑先生[③]读书其中，勒铭志之。

大江以南，花石纲遗石，以吴门徐清之家一石为石祖。石高丈五，朱勔移舟中，石盘沉太湖底，觅不得，遂不果行。后归乌程董氏，载至中流，船复覆。董氏破资募善入水者取之。先得其盘，诧异之，又溺水取石，石亦旋起。时人比之延津剑[④]焉。

后数十年，遂为徐氏有。再传至清之，以三百金竖

---

① 窋咤（zhú zhà）：物体在洞穴中凸出的样子。

② 辟咡负剑：辟咡，谓交谈时侧着头，不使口气触及对方，以示尊敬。负剑，背上背着剑。这里用来形容石头与松交错相依的形状。

③ 石篑先生：陶望龄，字周望，号石篑，会稽（今浙江绍兴）人。官至国子监祭酒。

④ 延津剑：延津，古代津渡名。晋时属延平县（今福建省南平市东南），故称。据《晋书·张华传》载，丰城令雷焕得龙泉、太阿两剑，以其一与张华。后华被诛，剑即失其所在。雷焕死，其子持剑行经延平津，剑忽跃出堕水。使人入水取之，但见两龙蟠萦，波浪惊沸。剑亦从此亡去。后遂以“延津剑”指龙泉、太阿两剑。

之。石连底高二丈许，变幻百出，无可名状。大约如吴无奇游黄山，见一怪石，辄瞋目叫曰："岂有此理！岂有此理！"

## 焦山

仲叔守瓜州，余借住于园，无事辄登金山寺。风月清爽，二鼓，犹上妙高台，长江之险，遂同沟浍。

一日，放舟焦山，山更纡谲[①]可喜。江曲涡山下，水望澄明，渊无潜甲，海猪海马，投饭起食，驯扰若豢鱼。看水晶殿，寻《瘗鹤铭》[②]，山无人杂，静若太古。回首瓜州烟火城中，真如隔世。

饭饱睡足，新浴而出，走拜焦处士祠。见其轩冕黼黻，夫人列坐，陪臣四，女官四，羽葆云罕，俨然王者。盖土人奉为土谷，以王礼祀之。是犹以杜十姨配伍髭须[③]，

---

① 纡谲（yū jué）：曲折。

② 《瘗（yì）鹤铭》：指镇江焦山江心岛《瘗鹤铭》摩崖石刻。南朝一位书法家养的鹤死了，他将鹤掩埋并写下这篇铭文。瘗，埋葬。

③ 伍髭须、杜十姨：浙西有伍子胥庙，老百姓不知伍子胥为何人，讹传为"伍髭须"，为他塑的像上有五绺长须。又建有"杜拾遗祠"，即杜甫祠，老百姓将之讹传为"杜十姨祠"，甚至还商量将"杜十姨"嫁给"伍髭须"！焦先是位隐士，而当地人拿他当王者供奉，故作者拿伍髭须、杜十姨的故事打比方。

千古不能正其非也。处士有灵，不知走向何所？

## 表胜庵

炉峰石屋，为一金和尚结茅守土之地，后住锡柯桥融光寺。大父造表胜庵成，迎和尚还山住持，命余作启。启曰："伏以丛林[①]表胜，惭给孤[②]之大地布金；天瓦[③]安禅，冀宝掌[④]自五天[⑤]飞锡[⑥]。重来石塔，戒长老特为东坡；悬契松枝[⑦]，万回[⑧]师却逢西向。去无作相，住亦随缘。伏惟九里山之精蓝，实是一金师之初地。偶听柯亭之竹笛，留滞人间；久虚石屋之烟霞，应超尘外。譬之孤天之鹤，尚眷旧枝；想彼弥空之云，亦归故岫。况兹胜域，宜兆异人，了住山之夙因，立开堂之新范。

---

① 丛林：指寺院。

② 给孤："给孤独园"的省称。古印度的佛教道场之一。亦用作佛寺的代称。

③ 天瓦：据《越中园亭记》，天瓦山房在表胜庵下，背负绝壁。

④ 宝掌：中印度高僧。

⑤ 五天：五天竺，古印度分为东天竺、南天竺、西天竺、北天竺、中天竺五大部分。

⑥ 飞锡：佛教语，谓僧人等执锡杖飞空，这里指僧人云游四方。

⑦ 悬契松枝：谓诚心宏愿寄托于松枝。

⑧ 万回：唐代高僧。其兄戍役于安西生死未卜，父母涕泣忧思不止。万回忽于一日前往安西探望兄长。早晨去，晚上就返回。他告诉父母说兄长很好。还带来了其兄的亲笔信。万回的家到安西有万余里。因其万里一日而回，故号万回。

"护门容虎[1]，洗钵归龙[2]。茗得先春，仍是寒泉风味；香来破腊，依然茅屋梅花。半月岩[3]似与人猜，请大师试为标指[4]；一片石政堪对语，听生公[5]说到点头。敬借山灵，愿同石隐。倘静念结远公之社[6]，定不攒眉；若居心如康乐之流，自难开口。立返山中之驾，看回湖上之船，仰望慈悲，俯从大众。"

## 梅花书屋

陔萼楼后老屋倾圮，余筑基四尺，造书屋一大间。傍广耳室如纱幮，设卧榻。前后空地，后墙坛其趾，西瓜瓤

---

① 护门容虎：疑为慧远大师。东晋慧远在庐山东林寺，"影不出山，迹不入俗"；他送客或散步，从不越过寺门前的虎溪，如过虎溪，寺后山林中的老虎就会吼叫起来。

② 洗钵归龙：疑为僧涉公典故。僧涉是北朝僧人，苻坚时入长安，虚静服气，不食五谷，日能行五百里，言未然之事，验若指掌。能以秘祝下神龙，每旱，苻坚常使之咒龙请雨。俄而龙下钵中，天辄大雨，苻坚及群臣亲就钵观之。

③ 半月岩：此处应指半月岩下半月泉。在绍兴法华山天衣寺下。

④ 标指：即"标月指"。佛教将"真如"比喻为"月"，故对不知真如（月）者，以诸种法来说明真如实相。佛典中通常把引导众生离苦得乐的八万四千法门称为"标月指"。对应前文"半月岩"与"半月泉"。

⑤ 生公：东晋高僧竺道生。《莲社高贤传》记载，竺道生入虎丘山，聚石为徒，讲《涅槃经》，群石皆点头。

⑥ 远公之社：指白莲社。慧远大师在东林寺中开东西两池，遍种白莲，故所创之社称"白莲社"，后来净土宗又称"莲宗"。

大牡丹三株，花出墙上，岁满三百余朵。坛前西府二树，花时积三尺香雪。前四壁稍高[①]，对面砌石台，插太湖石数峰。

西溪梅骨古劲，滇茶数茎，妩媚其傍。梅根种西番莲，缠绕如缨络。窗外竹棚，密宝襄盖之。阶下翠草深三尺，秋海棠疏疏杂入。前后明窗，宝襄西府，渐作绿暗。余坐卧其中，非高流佳客，不得辄入。慕倪迂"清闷"，又以"云林秘阁"名之。

## 不二斋

不二斋，高梧三丈，翠樾千重。墙西稍空，蜡梅补之，但有绿天，暑气不到。后窗墙高于槛，方竹数竿，潇潇洒洒，郑子昭"满耳秋声"横披一幅。天光下射，望空视之，晶沁如玻璃、云母，坐者恒在清凉世界。图书四壁，充栋连床；鼎彝尊罍[②]，不移而具。

余于左设石床竹几，帷之纱幕，以障蚊虻。绿暗侵纱，照面成碧。夏日，建兰、茉莉，芗泽浸人，沁入衣裾。重阳前后，移菊北窗下，菊盆五层，高下列之，颜色

---

① 前四壁稍高：此处颇费解，"四壁"疑为"西壁"之误。

② 罍（léi）：古代大型盛酒器。

空明，天光晶映，如沉秋水。冬则梧叶落，蜡梅开，暖日晒窗，红炉毾㲪[①]。以昆山石种水仙，列阶趾。春时，四壁下皆山兰，槛前芍药半亩，多有异本。余解衣盘礴，寒暑未尝轻出，思之如在隔世。

## 砂罐锡注

宜兴罐，以龚春为上，时大彬次之，陈用卿又次之。锡注，以黄元吉为上，归懋德次之。夫砂罐，砂也；锡注，锡也。器方脱手，而一罐一注价五六金，则是砂与锡与价，其轻重正相等焉，岂非怪事！然一砂罐、一锡注，直跻之商彝、周鼎之列而毫无惭色，则是其品地也。

## 沈梅冈

沈梅冈先生忤相嵩，在狱十八年。读书之暇，傍攻匠艺，无斧锯，以片铁日夕磨之，遂铦利。得香楠尺许，琢为文具一，大匣三、小匣七、壁锁二；棕竹数片，为箑[②]一，为骨十八，以笋、以缝、以键，坚密肉好，巧匠谢不

---

① 毾㲪（tà dēng）：有花纹的细毛毯。

② 箑（shà）：扇子。

能事。

夫人丐先文恭志公墓，持以为贽，文恭拜受之。铭其匣曰：“十九年，中郎节；十八年，给谏匣。节邪匣邪同一辙。”铭其箑曰：“塞外毡，饥可餐；狱中箑，尘莫干。前苏后沈名班班。”

梅冈制，文恭铭，徐文长书，张应尧镌，人称四绝，余珍藏之。又闻其以粥炼土，凡数年，范为铜鼓者二，声闻里许，胜暹罗铜。

## 岣嵝山房

岣嵝山房[①]，逼山、逼溪、逼弢光路，故无径不梁，无屋不阁。门外苍松傲睨，蓊以杂木，冷绿万顷，人面俱失。石桥低磴[②]，可坐十人。寺僧刳[③]竹引泉，桥下交交牙牙，皆为竹节。

---

① 岣嵝（gǒu lǒu）山房：李茇在灵隐弢光山下的房子。《西湖梦寻》中记载李茇号岣嵝。

② 磴（dèng）：台阶或楼梯的层级。

③ 刳（kū）：从中间破开再挖空。

天启甲子，余键户[1]其中者七阅月[2]，耳饱溪声，目饱清樾。山上下多西栗、边笋，甘芳无比。邻人以山房为市，蓏果、羽族日致之，而独无鱼。乃潴溪为壑，系巨鱼数十头。有客至，辄取鱼给鲜。日晡，必步冷泉亭、包园、飞来峰。

一日，缘溪走看佛像，口口骂杨髡[3]。见一波斯坐龙象，蛮女四五献花果，皆裸形，勒石志之，乃真伽像也。余椎落其首，并碎诸蛮女，置溺溲处以报之。寺僧以余为椎佛也，咄咄作怪事，及知为杨髡，皆欢喜赞叹。

## 三世藏书

余家三世积书三万余卷。大父诏余曰："诸孙中惟尔好书，尔要看者，随意携去。"余简[4]太仆、文恭大父丹铅[5]所及，有手泽[6]存焉者，汇以请。大父喜，命舁[7]去，约二千余卷。天启乙丑，大父去世，余适往武林，父叔及

---

① 键户：关门闭户。
② 阅月：经一月。
③ 杨髡（kūn）：挖掘宋六陵的元朝西僧杨琏真伽。
④ 简：选择，挑选。
⑤ 丹铅：丹砂与铅粉。古人校勘文字所用材料。
⑥ 手泽：指人的手汗沾染，借指先人书籍、手稿等遗物。
⑦ 舁（yú）：抬。

诸弟、门客、匠指、臧获、巢婢[1]辈乱取之，三代遗书一日尽失。

余自垂髫[2]聚书四十年，不下三万卷。乙酉避兵入剡，略携数簏随行，而所存者，为方兵所据，日裂以吹烟，并舁至江干，籍甲内，挡箭弹，四十年所积，亦一日尽失。此吾家书运，亦复谁尤！

余因叹古今藏书之富，无过隋唐。隋嘉则殿分三品，有红琉璃、绀琉璃、漆轴之异。殿垂锦幔，绕刻飞仙。帝幸书室，践暗机，则飞仙收幔而上，橱扉自启；帝出，闭如初。隋之书计三十七万卷。唐迁内库书于东宫丽正殿，置修文、著作两院学士，得通籍[3]出入。太府月给蜀都麻纸五千番，季给上谷墨三百三十六丸，岁给河间、景城、清河、博平四郡兔千五百皮为笔，以甲、乙、丙、丁为次。唐之书计二十万八千卷。我明中秘书不可胜计，即《永乐大典》一书，亦堆积数库焉。余书直九牛一毛耳，何足数哉！

---

① 臧获、巢婢：皆指奴婢。

② 垂髫：古代指儿童。

③ 通籍："籍"是一种竹片，上写姓名、年龄、身份等，挂在宫门外，以备出入时查对。"通籍"谓记名于门籍，可以进出宫门。

# 卷　三

## 丝 社

越中琴客不满五六人，经年不事操缦，琴安得佳？余结丝社，月必三会之。有小檄曰：“中郎音癖，《清溪弄》三载乃成；贺令神交，《广陵散》千年不绝。器由神以合道，人易学而难精。幸生岩壑之乡，共志丝桐之雅。清泉磐石，援琴歌《水仙》之操，便足怡情；涧响松风，三者皆自然之声，政须类聚。偕我同志，爰立琴盟，约有常期，宁虚芳日。杂丝和竹，用以鼓吹清音；动操鸣弦，自令众山皆响。非关匣里，不在指头，东坡老方是解人；但识琴中，无劳弦上，元亮辈政堪佳侣。既调商角，翻信肉不如丝；谐畅风神，雅羡心生于手。从容秘玩，莫令解秽于花奴；抑按盘桓，敢谓倦生于古乐。共怜同调之友声，用振丝坛之盛举。”

## 南镇祈梦

万历壬子，余年十六，祈梦于南镇梦神之前，因作疏曰：“爰自混沌谱中，别开天地；华胥国里，早见春秋。[1]

① 混沌谱：指梦境。华胥国：亦指梦境。

梦两楹[1]，梦赤舄[2]，至人不无；梦蕉鹿[3]，梦轩冕[4]，痴人敢说。惟其无想无因，未尝梦乘车入鼠穴，捣齑啖铁杵[5]；非其先知先觉，何以将得位梦棺器，得财梦秽矢[6]。正在恍惚之交，俨若神明之赐。

“某也躨跜[7]偃潴[8]，轩翥[9]樊笼，顾影自怜，将谁以告？为人所玩，吾何以堪！一鸣惊人，赤壁鹤[10]邪？局促

---

① 梦两楹：典出《礼记·檀弓上》。孔子梦见自己“坐奠于两楹之间”，不久便去世了。后以此预示不久于人世。

② 梦赤舄：典出《列仙传》。秦始皇东巡至海，闻千岁翁安期生之名，请见与语三日三夜，临别赐其金银珠宝数千万，安期生将宝物悉数弃置在阜乡驿亭内，留书及赤玉舄一双为报，飘然而往蓬莱仙境。

③ 梦蕉鹿：典出《列子·周穆王》：“郑人有薪于野者，遇骇鹿，御而击之，毙之。恐人见之也，遽而藏诸隍中，覆之以蕉，不胜其喜。俄而遗其所藏之处，遂以为梦焉。”比喻将真事误以为是梦境。

④ 梦轩冕：指梦见做官。轩冕，轩车和冕服，古时卿大夫所用。

⑤ “惟其无想无因”三句：典出《世说新语》。卫玠总角时，问乐令梦，乐云：“是想。”卫曰：“形神所不接而梦，岂是想邪？”乐云：“因也。未尝梦乘车入鼠穴，捣齑啖铁杵，皆无想无因故也。”

⑥ “何以将得位梦棺器”二句：典出《世说新语》。人有问殷中军：“何以将得位而梦棺器，将得财而梦矢秽？”殷曰：“官本是臭腐，所以将得而梦棺尸；财本是粪土，所以将得而梦秽污。”

⑦ 躨跜（kuí ní）：虬龙飞举盘屈的样子。

⑧ 偃潴：池沼，池塘。

⑨ 轩翥：飞举。

⑩ 赤壁鹤：典出《后赤壁赋》：“时夜将半，四顾寂寥。适有孤鹤，横江东来。”

辕下，南柯蚁[①]耶？得时则驾，渭水熊[②]耶？半榻蘧除[③]，漆园蝶[④]耶？神其诏我，或寝或吪；我得先知，何从何去。择此一阳[⑤]之始，以祈六梦[⑥]之正。功名志急，欲搔首而问天；祈祷心坚，故举头以抢地。轩辕氏圆梦鼎湖[⑦]，已知一字而有一验；李卫公[⑧]上书西岳，可云三问而三不灵。肃此以闻，惟神垂鉴。”

## 禊泉

惠山泉不渡钱塘，西兴脚子挑水过江，喃喃作怪事。有缙绅先生造大父，饮茗大佳，问曰：“何地水？”大父曰：“惠泉水。”缙绅先生顾其价曰：“我家逼近卫前，而不知打水吃，切记之。”董日铸先生常曰：“浓、热、满三

---

① 南柯蚁：典出《南柯太守传》。淳于棼在梦里过完了一生，醒来仆人尚在打扫庭院。他与友人去看梦中的国度，见到一个蚁穴。

② 渭水熊：典出《史记·齐太公世家》。西伯将出猎，卜之，曰“所获非龙非螭，非虎非罴；所获霸王之辅”。西伯出猎，果遇太公于渭水。后来演变为周文王梦熊得姜子牙的典故。

③ 蘧除：粗竹席。

④ 漆园蝶：即庄周梦蝶的典故。

⑤ 一阳：冬至日。

⑥ 六梦：典出《周礼·春官·占梦》：“以日月星辰占六梦之吉凶：一曰正梦，二曰噩梦，三曰思梦，四曰寤梦，五曰喜梦，六曰惧梦。”

⑦ 轩辕氏圆梦鼎湖：典出《史记·封禅书》。据记载，黄帝采首山铜，铸鼎于荆山下。鼎既成，有龙下迎黄帝。轩辕氏指黄帝。

⑧ 李卫公：李靖，唐朝著名将领。被封为卫国公。

字尽茶理，陆羽《经》可烧也。”两先生之言，足见绍兴人之村之朴。

余不能饮潟卤，又无力递惠山水。甲寅夏，过斑竹庵，取水啜之，磷磷有圭角[1]，异之。走看其色，如秋月霜空，噀[2]天为白；又如轻岚出岫，缭松迷石，淡淡欲散。余仓卒见井口有字画，用帚刷之，“禊泉”字出，书法大似右军，益异之。试茶，茶香发。新汲少有石腥，宿三日气方尽。辨禊泉者无他法，取水入口，第挢舌舐腭，过颊即空，若无水可咽者，是为禊泉。好事者信之。汲日至，或取以酿酒，或开禊泉茶馆，或瓮而卖，及馈送有司。

董方伯[3]守越，饮其水，甘之，恐不给，封锁禊泉，禊泉名日益重。会稽陶溪、萧山北干、杭州虎跑，皆非其伍，惠山差堪伯仲。在蠡城，惠泉亦劳而微热，此方鲜磊，亦胜一筹矣。

长年[4]卤莽，水递不至其地，易他水，余笞之，詈[5]同伴，谓发其私。及余辨是某地某井水，方信服。昔人水辨淄、渑，侈为异事。诸水到口，实实易辨，何待易牙？余

① 圭角：玉石的棱角。此处指泉水有玉石之味。

② 噀（xùn）：喷射、吐出。

③ 董方伯：董承诏。曾任浙江布政使。方伯是布政使的别称。

④ 长年：长工。

⑤ 詈：骂。

友赵介臣亦不余信，同事久，别余去，曰：“家下水实进口不得，须还我口去。”

## 兰雪茶

日铸者，越王铸剑地也。茶味棱棱，有金石之气。欧阳永叔曰：“两浙之茶，日铸第一。”王龟龄曰：“龙山瑞草，日铸雪芽。”日铸名起此。京师茶客，有茶则至，意不在雪芽也，而雪芽利之，一如京茶式，不敢独异。

三峨叔知松萝焙法，取瑞草试之，香扑冽。余曰：“瑞草固佳，汉武帝食露盘，无补多欲；日铸茶薮，‘牛虽瘠，偾于豚上’也。”遂募歙人入日铸。扚法、掐法、挪法、撒法、扇法、炒法、焙法、藏法，一如松萝。他泉瀹之，香气不出，煮禊泉，投以小罐，则香太浓郁。杂入茉莉，再三较量，用敞口瓷瓯淡放之，候其冷，以旋滚汤冲泻之，色如竹箨方解，绿粉初匀，又如山窗初曙，透纸黎光。取青妃白，倾向素瓷，真如百茎素兰同雪涛并泻也。雪芽得其色矣，未得其气，余戏呼之“兰雪”。

四五年后，兰雪茶一哄如市焉。越之好事者，不食松萝，止食兰雪。兰雪则食，以松萝而纂兰雪者亦食，盖松萝贬声价俯就兰雪，从俗也。乃近日徽歙间松萝亦改名兰雪，向以松萝名者，封面系换，则又奇矣。

## 白洋潮

故事，三江看潮，实无潮看。午后喧传曰：“今年暗涨潮。”岁岁如之。戊寅八月，吊朱恒岳少师，至白洋，陈章侯、祁世培同席。海塘上呼看潮，余遄往，章侯、世培踵至。

立塘上，见潮头一线，从海宁而来，直奔塘上。稍近，则隐隐露白，如驱千百群小鹅，擘翼惊飞。渐近喷沫，冰花蹴起，如百万雪狮蔽江而下，怒雷鞭之，万首镞镞，无敢后先。再近，则飓风逼之，势欲拍岸而上。

看者辟易，走避塘下。潮到塘，尽力一礴，水击射，溅起数丈，着面皆湿。旋卷而右，龟山一挡，轰怒非常，炮碎龙湫，半空雪舞。看之惊眩，坐半日，颜始定。先辈言：“浙江潮头自龛、赭两山漱激而起”。白洋在两山外，潮头更大，何耶？

## 阳和泉

禊泉出城中，水递者日至。臧获到庵借炊，索薪、索菜、索米，后索酒、索肉；无酒肉，辄挥老拳。僧苦之，无计脱此苦，乃罪泉，投之刍秽。不已，乃决沟水败泉，泉大坏。张子知之，至禊井，命长年浚之。及半，见竹管积其下，皆黧[①]胀作气；竹尽，见刍秽，又作奇臭。张子淘洗数次，俟泉至，泉实不坏，又甘洌。张子去，僧又坏之。不旋踵，至再、至三，卒不能救，禊泉竟坏矣。是时，食之而知其坏者半，食之不知其坏而仍食之者半，食之知其坏而无泉可食，不得已而仍食之者半。

壬申，有称阳和岭玉带泉者，张子试之，空灵不及禊而清洌过之。特以玉带名不雅驯。张子谓："阳和岭实为余家祖墓，诞生我文恭，遗风余烈，与山水俱长。昔孤山泉出，东坡名之'六一'，今此泉名之'阳和'，至当不易。盖生岭、生泉，俱在生文恭之前，不待文恭而天固已'阳和'之矣，夫复何疑！"土人有好事者，恐玉带失其姓，遂勒石署之。且曰："自张志'禊泉'而'禊泉'为张氏有，今琶山是其祖垄，擅之益易。立石署之，惧其夺也。"时有传其语者，阳和泉之名益著。

铭曰："有山如砺，有泉如砥；太史遗烈，落落磊磊。孤屿溢流，六一擅之。千年巴蜀，实繁其齿；但言眉山，自属苏氏。"

---

① 黧（lí）：黑色。

## 闵老子茶

周墨农向余道闵汶水茶不置口。戊寅九月，至留都，抵岸，即访闵汶水于桃叶渡。日晡，汶水他出，迟其归，乃婆娑一老。方叙话，遽起曰："杖忘某所。"又去。余曰："今日岂可空去？"迟之又久，汶水返，更定矣。睨余曰："客尚在耶！客在奚为者？"余曰："慕汶老久，今日不畅饮汶老茶，决不去。"汶水喜，自起当垆。茶旋煮，速如风雨。

导至一室，明窗净几，荆溪壶、成宣窑磁瓯十余种，皆精绝。灯下视茶色，与磁瓯无别，而香气逼人，余叫绝。余问汶水曰："此茶何产？"汶水曰："阆苑茶也。"余再啜之，曰："莫绐余！是阆苑制法，而味不似。"汶水匿笑曰："客知是何产？"余再啜之，曰："何其似罗岕甚也？"汶水吐舌曰："奇！奇！"余问："水何水？"曰："惠泉。"余又曰："莫绐余！惠泉走千里，水劳而圭角不动，何也？"汶水曰："不复敢隐。其取惠水，必淘井，静夜候新泉至，旋汲之。山石磊磊藉瓮底，舟非风则勿行，放水之生磊。即寻常惠水犹逊一头地，况他水耶！"又吐舌曰："奇！奇！"

言未毕，汶水去。少顷，持一壶满斟余曰："客啜此。”余曰：“香扑烈，味甚浑厚，此春茶耶？向瀹[①]者的是秋采。”汶水大笑曰：“予年七十，精赏鉴者，无客比。”遂定交。

## 龙喷池

卧龙骧首于耶溪，大池百仞出其颔下。六十年内，陵谷迁徙，水道分裂。崇祯己卯，余请太守檄，捐金纠众，畚锸[②]千人，毁屋三十余间，开土壤二十余亩，辟除瓦砾刍秽千有余艘，伏道蜿蜒，偃潴[③]澄靛，克还旧观。昔之日不通线道者，今可肆行舟楫矣。喜而铭之，铭曰：“蹴[④]醒骊龙，如寐斯揭；不避逆鳞，扶其鲠噎。潴蓄澄泓，煦湿濡沫[⑤]。夜静水寒，颔珠如月。风雷逼之，扬鬐鼓鬣。”

## 朱文懿家桂

桂以香山名，然覆墓木耳，北邙[⑥]萧然，不堪久立。

---

① 瀹（yuè）：煮。

② 畚锸（běn chā）：畚，盛土器；锸，起土器。指挖泥运土。

③ 偃潴（yǎn zhū）：池塘。

④ 蹴（cù）：踢。

⑤ 煦（xǔ）湿濡沫：在陆地上鱼吐泡沫以呼吸。

⑥ 北邙（máng）：北邙又名邙山，在今河南洛阳，古时为王侯公卿葬地。后泛称墓地。

单醪河钱氏二桂，老而秃；独朱文懿[1]公宅后一桂，干大如斗，枝叶覭蒙，樾荫亩许，下可坐客三四十席。不亭、不屋、不台、不栏、不砌，弃之篱落间。花时，不许人入看，而主人亦禁足勿之往，听其自开自谢已耳。樗栎以不材终其天年，其得力全在弃也。百岁老人多出蓬户，子孙第厌其癃瘇耳，何足称瑞！

## 逍遥楼

滇茶故不易得，亦未有老其材八十余年者。朱文懿公逍遥楼滇茶，为陈海樵先生手植，扶疏蓊翳，老而愈茂。诸文孙[2]恐其力不胜葩，岁删其萼盈斛，然所遗落枝头，犹自燔[3]山熠[4]谷焉。

文懿公，张无垢[5]后身。无垢降乩[6]与文懿，谈宿世因甚悉，约公某日面晤于逍遥楼。公伫立久之，有老人至，

---

① 朱文懿：朱赓，明朝内阁首辅，字少钦，号金庭，浙江绍兴人。张岱的祖母朱氏之父。

② 文孙：本指周文王之孙，后泛指对他人子孙的美称。

③ 燔：焚烧。

④ 熠：照耀。

⑤ 张无垢：张九成，号无垢居士，浙江钱塘（今浙江杭州）人，南宋高宗绍兴二年（1132）壬子科殿试状元。

⑥ 降乩（jī）：降乩，亦指扶乩，是中国民间的一种占卜方式。

剧谈良久，公殊不为意。但与公言：“柯亭绿竹庵梁上，有残经一卷，可了之。”寻别去，公始悟老人为无垢。次日，走绿竹庵，简梁上，有《维摩经》一部，缮写精良，后二卷未竟，盖无垢笔也。公取而续书之，如出一手。

先君言，乩仙[①]供余家寿芝楼，悬笔挂壁间，有事辄自动，扶下书之，有奇验。娠祈子，病祈药，赐丹，诏取某处，立应。先君祈嗣，诏取丹于某簏临川笔内，簏失钥闭久，先君简视之，镄[②]自出觚管中，有金丹一粒，先宜人[③]吞之，即娠余。

朱文懿有姬媵，陈夫人狮子吼，公苦之。祷于仙，求“化妒丹”。乩书曰：“难，难！丹在公枕内。”取以进夫人，夫人服之，语人曰：“老头子有仙丹，不饷诸婢，而余是饷，尚昵余。”与公相好如初。

## 天镜园

天镜园浴凫堂，高槐深竹，樾[④]暗千层，坐对兰荡，一

---

① 乩仙（jī xiān）：指扶乩时请的神灵。

② 镄：锁簧，此处代指钥匙。

③ 先宜人：宜人，封建时代妇女因丈夫或子孙而得的一种封号。这里指作者去世的母亲。

④ 樾（yuè）：树荫。

泓漾之，水木明瑟，鱼鸟藻荇，类若乘空[①]。余读书其中，扑面临头，受用一绿，幽窗开卷，字俱碧鲜。每岁春老，破塘笋必道此。轻舠飞出，牙人择顶大笋一株掷水面，呼园中人曰："捞笋！"鼓枻飞去。园丁划小舟拾之，形如象牙，白如雪，嫩如花藕，甜如蔗霜。煮食之，无可名言，但有惭愧。

## 包涵所

西湖之船有楼，实包副使涵所创为之。大小三号：头号置歌筵，储歌童；次载书画；再次偫[②]美人。涵老声伎非侍妾比，仿石季伦、宋子京家法，都令见客。靓妆走马，媻姗勃窣，穿柳过之，以为笑乐。明槛绮疏，曼讴其下，擫籥[③]弹筝，声如莺试。客至，则歌童演剧，队舞鼓吹，无不绝伦。乘兴一出，住必浃旬，观者相逐，问其所止。

南园在雷峰塔下，北园在飞来峰下。两地皆石薮，积牒磊砢，无非奇峭。但亦借作溪涧桥梁，不于山上叠山，

---

① 鱼鸟藻荇，类若乘空：出自苏轼《记承天寺夜游》："庭下如积水空明，水中藻荇交横，盖竹柏影也。"

② 偫（zhì）：积储，储备。

③ 擫籥（yè yuè）：擫，按压。籥，一种管乐器。

大有文理。大厅以栱斗抬梁，偷其中间四柱，队舞狮子甚畅。北园作八卦房，园亭如规，分作八格，形如扇面。当其狭处，横亘一床，帐前后开合，下里帐则床向外，下外帐则床向内。涵老据其中，扃上开明窗，焚香倚枕，则八床面面皆出。穷奢极欲，老于西湖者二十年。金谷、郿坞，着一毫寒俭不得，索性繁华到底，亦杭州人所谓“左右是左右”也。西湖大家，何所不有，西子有时亦贮金屋。咄咄书空，则穷措大耳。

## 斗鸡社

天启壬戌间好斗鸡，设斗鸡社于龙山下，仿王勃《斗鸡檄》，檄同社。仲叔、秦一生日携古董、书画、文锦、川扇等物与余博，余鸡屡胜之。仲叔忿懑，金其距，介其羽，凡足以助其膈膊[①]𪇗咮[②]者，无遗策。又不胜。人有言徐州武阳侯樊哙子孙，斗鸡雄天下，长颈乌喙，能于高桌上啄粟。仲叔心动，密遣使访之，又不得，益忿懑。一日，余阅稗史，有言唐玄宗以酉年酉月生，好斗鸡而亡其国。余亦酉年酉月生，遂止。

---

① 膈膊（bì bó）：象声词。形容连续起伏的声音。

② 𪇗咮（zhòu）：形容鸟张嘴鸣叫。

# 栖 霞

戊寅冬，余携竹兜一、苍头一，游栖霞，三宿之。山上下左右，鳞次而栉比之，岩石颇佳，尽刻佛像，与杭州飞来峰同受黥劓[①]，是大可恨事。山顶怪石巉岏[②]，灌木苍郁，有颠僧住之。与余谈，荒诞有奇理，惜不得穷诘之。日晡，上摄山顶观霞，非复霞理，余坐石上痴对。复走庵后，看长江帆影，老鹳河、黄天荡，条条出麓下，悄然有山河辽廓之感。

一客盘礴[③]余前，熟视余，余晋与揖，问之，为萧伯玉先生，因坐与剧谈，庵僧设茶供。伯玉问及补陀，余适以是年朝海归，谈之甚悉。《补陀志》方成，在箧[④]底，出示伯玉，伯玉大喜，为余作叙。取火下山，拉与同寓宿，夜长，无不谈之，伯玉强余再留一宿。

---

① 黥劓（qíng yì）：古代刑罚。黥，墨刑，以刀刻凿人面（体）再用墨涂在创口上，使其永不褪色。劓，割鼻。

② 巉岏（chán wán）：形容山石高而尖锐。也指险峻的山。

③ 盘礴（bó）：箕踞而坐，两脚张开，两膝微曲地坐着，形状像箕。这是一种不拘礼节、傲慢不敬的坐法。

④ 箧（qiè）：小箱子。

## 湖心亭看雪

崇祯五年十二月，余住西湖。大雪三日，湖中人鸟声俱绝。是日更定矣，余拏[①]一小舟，拥毳衣炉火，独往湖心亭看雪。雾凇沆砀[②]，天与云、与山、与水，上下一白。湖上影子，惟长堤一痕，湖心亭一点，与余舟一芥，舟中人两三粒而已。

到亭上，有两人铺毡对坐，一童子烧酒，炉正沸。见余大惊喜，曰："湖中焉得更有此人！"拉余同饮。余强饮三大白而别。问其姓氏，是金陵人，客此。及下船，舟子喃喃曰："莫说相公痴，更有痴似相公者。"

## 陈章侯

崇祯己卯八月十三，侍南华老人饮湖舫，先月早归。章侯[③]怅怅向余曰："如此好月，拥被卧耶？"余敕苍头携家酿斗许，呼一小划船再到断桥，章侯独饮，不觉沾醉。过玉莲亭，丁叔潜呼舟北岸，出塘栖蜜橘相饷，畅啖之。

---

① 拏：通"桡"，船桨。引申为撑船。

② 沆砀（hàng dàng）：白气弥漫貌。

③ 章侯：陈洪绶，明末清初著名书画家、诗人。

章侯方卧船上嚎嚣。

岸上有女郎，命童子致意云："相公船肯载我女郎至一桥否？"余许之。女郎欣然下，轻纨淡弱，婉瘱[1]可人。章侯被酒挑之曰："女郎侠如张一妹[2]，能同虬髯客饮否？"女郎欣然就饮。移舟至一桥，漏二下矣，竟倾家酿而去。问其住处，笑而不答。章侯欲蹑之，见其过岳王坟，不能追也。

---

① 婉瘱（yì）：温婉娴静。

② 张一妹：红拂女，唐传奇《虬髯客》中人物，因在家排行老大，俗称张一妹。红拂女、李靖、虬髯客合称"风尘三侠"。

# 卷四

# 不系园

甲戌十月，携楚生住不系园看红叶。至定香桥，客不期而至者八人：南京曾波臣，东阳赵纯卿，金坛彭天锡，诸暨陈章侯，杭州杨与民、陆九、罗三，女伶陈素芝。余留饮。章侯携缣素[①]为纯卿画古佛，波臣为纯卿写照，杨与民弹三弦子，罗三唱曲，陆九吹箫。与民复出寸许界尺，据小梧[②]，用北调说《金瓶梅》一剧，使人绝倒。

是夜，彭天锡与罗三、与民串本腔戏，妙绝；与楚生、素芝串调腔戏，又复妙绝。章侯唱村落小歌，余取琴和之，牙牙如语。纯卿笑曰："恨弟无一长，以侑[③]兄辈酒。"余曰："唐裴将军旻居丧，请吴道子画天宫壁度亡母。道子曰：'将军为我舞剑一回，庶因猛厉以通幽冥。'旻脱缞衣，缠结，上马驰骤，挥剑入云，高十数丈，若电光下射，执鞘承之，剑透室而入，观者惊栗。道子奋袂如风，画壁立就。章侯为纯卿画佛，而纯卿舞剑，正今日事也。"纯卿跳身起，取其竹节鞭，重三十斤，作胡旋舞数缠，大噱而去。

---

① 缣素（jiān sù）：白色的绢帛。

② 据小梧：倚靠着小几案。

③ 侑（yòu）：在筵席旁助兴，劝人吃喝。

## 秦淮河房

秦淮河河房，便寓、便交际、便淫冶，房值甚贵，而寓之者无虚日。画船箫鼓，去去来来，周折其间。河房之外，家有露台，朱栏绮疏，竹帘纱幔。夏月浴罢，露台杂坐。两岸水楼中，茉莉风起，动儿女香甚。女客团扇轻纨，缓鬓倾髻，软媚着人。

年年端午，京城士女填溢，竞看灯船。好事者集小篷船百什艇，篷上挂羊角灯如联珠，船首尾相衔，有连至十余艇者。船如烛龙火蜃，屈曲连蜷，蟠委旋折，水火激射。舟中镦钹星铙，宴歌弦管，腾腾如沸。士女凭栏轰笑，声光凌乱，耳目不能自主。午夜，曲倦灯残，星星自散。钟伯敬[①]有《秦淮河灯船赋》，备极形致。

## 兖州阅武

辛未三月，余至兖州，见直指[②]阅武。马骑三千，步

---

① 钟伯敬：钟惺，字伯敬，竟陵（今湖北天门）人。万历中进士，官礼部主事。

② 直指：朝廷设置的专管巡视、处理各地政事的官员。也称“直指使者”，因出巡时穿着绣衣，故又称“绣衣直指”。

兵七千，军容甚壮。马蹄卒步，滔滔旷旷，眼与俱驶，猛掣始回。其阵法奇在变换，旝[①]动而鼓，左抽右旋，疾若风雨。阵既成列，则进图直指，前，立一牌曰："某阵变某阵。"连变十余阵，奇不在整齐而在便捷。扮敌人百余骑，数里外烟尘坌起。迾卒[②]五骑，小如黑子，顷刻驰至，入辕门报警。

建大将旗鼓，出奇设伏。敌骑突至，一鼓成擒，俘献中军。内以姣童扮女三四十骑，荷旃[③]被毳，绣袪魋结[④]，马上走解，颠倒横竖，借骗翻腾，柔如无骨。奏乐马上，三弦、胡拨四、土儿密失、叉儿机、僸佅兜离，罔不毕集。在直指筵前供唱，北调淫俚，曲尽其妙。是年，参将罗某，北人，所扮者皆其歌童外宅，故极姣丽，恐易人为之，未必能尔也。

## 牛首山[⑤]打猎

戊寅冬，余在留都，同族人隆平侯与其弟勋卫[⑥]、甥赵

---

① 旝（kuài）：作战时指挥用的旗子。

② 迾卒（liè zú）：担任警戒的士卒。

③ 旃（zhān）：一种毛织品。

④ 魋（tuí）结：椎形发髻。

⑤ 牛首山：在今江苏南京，又称牛头山。

⑥ 隆平侯与其弟勋卫：指张信后裔，明朝张信曾被封为隆平侯，此处隆平侯为张拱薇。

忻城[1]，贵州杨爱生[2]，扬州顾不盈[3]，余友吕吉士、姚简叔[4]，姬侍王月生[5]、顾眉[6]、董白[7]、李十[8]、杨能[9]，取戎衣衣客，并衣姬侍。姬侍服大红锦狐嵌箭衣、昭君套，乘款段马，鞲青骹[10]，绁韩卢，铳箭手百余人，旗帜棍棒称是，出南门，校猎于牛首山前后，极驰骤纵送[11]之乐。得鹿一、麂三、兔四、雉三、猫狸七。看剧于献花岩，宿于祖茔[12]。次日午后猎归，出鹿麂以飨士，复纵饮于隆平家。江南不晓猎较为何事，余见之图画戏剧，今身亲为之，果称雄快。然自须勋戚豪右[13]为之，寒酸不办也。

---

① 赵忻城：赵之龙，明末被封为忻城伯。

② 杨爱生：杨鼎卿，字爱生。

③ 顾不盈：顾尔迈，字不盈。

④ 姚简叔：姚允在，字简叔，画家。

⑤ 王月生：南京朱市妓。张岱的红颜知己。

⑥ 顾眉：字眉生，号横波，“秦淮八艳”之一。

⑦ 董白：字小宛，号青莲，“秦淮八艳”之一。

⑧ 李十：李十娘，字雪衣，号十娘，秦淮歌妓。

⑨ 杨能：秦淮歌妓。

⑩ 鞲（gōu）青骹：一种特制的臂套，用以防止被鹰抓伤。

⑪ 纵送：本谓射箭与逐禽。形容奔驰之貌。

⑫ 祖茔：此处应为祖堂山。张岱另一部著作《夜航船》中，“古迹”一类有“祖堂”：在应天府治南。唐法融和尚得道于此，法融在山房禅定，有百鸟献花，故又名献花岩。

⑬ 勋戚豪右：有功勋的皇亲国戚和豪门贵族。

# 杨神庙台阁

枫桥杨神庙，九月迎台阁。十年前迎台阁，台阁而已；自骆氏兄弟主之，一以思致文理为之。扮马上故事，二三十骑，扮传奇一本，年年换，三日亦三换之。其人与传奇中人必酷肖方用，全在未扮时一指点为某似某，非人人绝倒者不之用。迎后，如扮胡琏者，直呼为胡琏，遂无不胡琏之，而此人反失其姓。

人定，然后议扮法，必裂缯[①]为之。果其人其袍铠须某色、某缎、某花样，虽匹锦数十金不惜也。一冠一履，主人全副精神在焉。诸友中有能生造刻画者，一月前礼聘至，匠意为之，唯其使。装束备，先期扮演，非百口叫绝又不用。故一人一骑，其中思致文理，如玩古董名画，一勾一勒不得放过焉。

土人有小小灾祲[②]，辄以小白旗一面到庙禳[③]之，所积盈库。是日以一竿穿旗三四，一人持竿三四走神前，长可七八里，如几百万白蝴蝶回翔盘礴在山坳树隙。四方来观

① 裂缯：夏朝末夏桀的宠姬妺喜爱听撕裂缯（丝织品）的声音，于是夏桀就常令宫人取缯来撕给她听，以讨她喜欢。这里比喻花费重金。

② 灾祲（jìn）：灾祸。祲，不祥之气，妖氛。

③ 禳（ráng）：祭名，指祈祷消除灾殃、祛邪除恶之祭。

者数十万人。市枫桥下，亦摊亦篷。台阁上、马上，有金珠宝石堕地，拾者，如有物凭焉，不能去，必送还神前；其在树丛田坎间者，问神，辄示其处，不或爽。

## 雪　精

外祖陶兰风先生，倅[①]寿州，得白骡，蹄跲都白，日行二百里，畜署中。寿州人病噎嗝，辄取其尿疗之。凡告期，乞骡尿状，常十数纸。外祖以木香沁其尿，诏百姓来取。后致仕归，捐馆[②]，舅氏啬轩解骖赠余。余豢之十年许，实未尝具一日草料。日夜听其自出觅食，视其腹未尝不饱，然亦不晓其何从得饱也。天曙，必至门祗候[③]，进厩候驱策，至午勿御，仍出觅食如故。后渐跋扈难御，见余则驯服不动，跨鞍去如箭，易人则咆哮蹄啮，百计鞭策之，不应也。一日，与风马争道城上，失足堕濠堑死，余命葬之，谥之曰“雪精”。

## 严助庙

陶堰司徒庙，汉会稽太守严助庙也。岁上元设供，任

① 倅（cuì）：副职。

② 捐馆：去世的婉辞。

③ 祗候（zhī hòu）：恭候。

事者，聚族谋之终岁。凡山物粗粗（虎、豹、麋鹿、獾、猪之类），海物噩噩（江豚、海马、鲟黄、鲨鱼之类），陆物痴痴（猪必三百斤，羊必二百斤，一日一换。鸡、鹅、凫、鸭之属，不极肥不上供），水物噞噞（凡虾、鱼、蟹、蚌之类，无不鲜活），羽物毨毨[1]（孔雀、白鹇、锦鸡、白鹦鹉之属，即生供之），毛物绒绒（白鹿、白兔、活貂鼠之属，亦生供之），洎[2]非地（闽鲜荔枝、圆眼、北苹婆果、沙果、文官果之类）、非天（桃、梅、李、杏、杨梅、枇杷、樱桃之属，收藏如新撷）、非制（熊掌、猩唇、豹胎之属）、非性（酒醉、蜜饯之类）、非理（云南蜜唧、峨眉雪蛆之类）、非想（天花、龙蛋、雕镂瓜枣、捻塑米面之类）之物，无不集。庭实之盛，自帝王宗庙、社稷坛壝[3]所不能比隆者。

十三日，以大船二十艘载盘軨，以童崽扮故事，无甚文理，以多为胜。城中及村落人，水逐陆奔，随路兜截，转折看之，谓之"看灯头"。且夜夜在庙演剧，梨园必倩越中上三班，或雇自武林者，缠头日数万钱。唱《伯喈》《荆钗》，一老者坐台下，对院本，一字脱落，群起噪之，又开场重做。越中有"全伯喈""全荆钗"之名，起此。

---

① 毨（xiǎn）：鸟兽新换的毛很整齐的样子。

② 洎（jì）：到。

③ 壝（wěi）：坛和埠的统称。亦指周围有矮墙的坛。

天启三年，余兄弟携南院王岑、老串杨四、徐孟雅、圆社河南张大来辈往观之。到庙蹴踘，张大来以“一丁泥”“一串珠”名世。球着足，浑身旋滚，一似粘疐[①]有胶、提掇有线、穿插有孔者，人人叫绝。剧至半，王岑扮李三娘，杨四扮火工窦老，徐孟雅扮洪一嫂，马小卿十二岁，扮咬脐，串《磨房》《撇池》《送子》《出猎》四出。科诨曲白，妙入筋髓，又复叫绝。遂解维归。戏场气夺，锣不得响，灯不得亮。

## 乳　酪

乳酪自驵侩[②]为之，气味已失，再无佳理。余自豢一牛，夜取乳置盆盎，比晓，乳花簇起尺许，用铜铛[③]煮之，瀹兰雪汁，乳斤和汁四瓯，百沸之。玉液珠胶，雪腴霜腻，吹气胜兰，沁入肺腑，自是天供。或用鹤觞[④]花露入甑蒸之，以热妙；或用豆粉搀和，漉[⑤]之成腐，以冷妙；或煎酥，或作皮，或缚饼，或酒凝，或盐腌，或醋捉，无不佳妙。而苏州过小拙和以蔗浆霜，熬之、滤之、钻之、

---

① 疐（zhì）：遇到障碍。

② 驵侩（zǎng kuài）：说合牲畜交易的人。此处指商贩。

③ 铛（chēng）：一种平底浅锅。

④ 鹤觞（hè shāng）：酒名。泛指美酒。

⑤ 漉：液体慢慢地渗下、滤过。

掇之、印之，为带骨鲍螺[1]，天下称至味。其制法秘甚，锁密房，以纸封固，虽父子不轻传之。

## 二十四桥风月

广陵二十四桥风月，邗沟尚存其意。渡钞关，横亘半里许，为巷者九条。巷故九，凡周旋折旋于巷之左右前后者，什百之。巷口狭而肠曲，寸寸节节，有精房密户，名妓、歪妓杂处之。名妓匿不见人，非向导莫得入。歪妓多可五六百人，每日傍晚，膏沐熏烧，出巷口，倚徙盘礴于茶馆酒肆之前，谓之“站关”。

茶馆酒肆、岸上下，纱灯百盏，诸妓掩映闪灭于其间，疤盭[2]者帘，雄趾者阈[3]。灯前月下，人无正色，所谓“一白能遮百丑”者，粉之力也。游子过客，往来如梭，摩睛相觑，有当意者，逼前牵之去；而是妓忽出身分，肃客先行，自缓步尾之。至巷口，有侦伺者，向巷门呼曰：“某姐有客了!”内应声如雷。火燎即出，一一俱去，剩者不过二三十人。

---

① 鲍螺：一种奶酪制品。

② 疤盭（bā lì）：伤痕。

③ 阈（yù）：门坎。

沉沉二漏，灯烛将烬，茶馆黑魆[①]无人声。茶博士不好请出，惟作呵欠，而诸妓醵[②]钱向茶博士买烛寸许，以待迟客。或发娇声，唱《劈破玉》等小词；或自相谑浪嘻笑，故作热闹，以乱时候；然笑言哑哑声中，渐带凄楚。夜分不得不去，悄然暗摸如鬼。见老鸨，受饿、受笞俱不可知矣。

余族弟卓如，美须髯，有情痴，善笑，到钞关必狎妓，向余噱曰："弟今日之乐，不减王公。"余曰："何谓也？"曰："王公大人侍妾数百，到晚耽耽望幸，当御者亦不过一人。弟过钞关，美人数百人，目挑心招，视我如潘安，弟颐指气使，任意拣择，亦必得一当意者呼而侍我。王公大人岂遂过我哉！"复大噱，余亦大噱。

## 世美堂灯

儿时跨苍头颈，犹及见王新建灯。灯皆贵重华美，珠灯料丝无论，即羊角灯亦描金细画，缨络罩之。悬灯百盏尚须秉烛而行，大是闷人。余见《水浒传》"灯景诗"有云："楼台上下火照火，车马往来人看人。"已尽灯理。余

---

① 黑魆（xū）：形容黑暗无光。

② 醵（jù）：此处指凑钱。

谓灯不在多，总求一亮。余每放灯，必用如椽大烛，专令数人剪卸烬煤，故光迸重垣，无微不见。

十年前，里人有李某者，为闽中二尹，抚台委其造灯，选雕佛匠，穷工极巧，造灯十架，凡两年。灯成而抚台已物故[①]，携归藏椟中。又十年许，知余好灯，举以相赠，余酬之五十金，十不当一。是为主灯，遂以烧珠、料丝、羊角、剔纱诸灯辅之。

而友人有夏耳金者，剪采为花，巧夺天工，罩以冰纱，有烟笼芍药之致。更用粗铁线界划规矩，匠意出样，剔纱为蜀锦，皴其界地，鲜艳出人。耳金岁供镇神，必造灯一盏，灯后，余每以善价购之。余一小傒善收藏，虽纸灯亦十年不得坏，故灯日富。又从南京得赵士元夹纱屏及灯带数副，皆属鬼工，决非人力。

灯宵，出其所有，便称胜事。鼓吹弦索，厮养臧获，皆能为之。有苍头善制盆花，夏间以羊毛炼泥墩，高二尺许，筑“地涌金莲”，声同雷炮，花盖亩余。不用煞拍鼓铙，清吹唢呐应之，望花缓急为唢呐缓急，望花高下为唢呐高下。灯不演剧，则灯意不酣；然无队舞鼓吹，则灯焰不发。余敕小傒串元剧四五十本。演元剧四出，则队舞一

① 物故：亡故。

回，鼓吹一回，弦索一回。其间浓淡繁简松实之妙，全在主人位置。使易人易地为之，自不能尔尔。故越中夸灯事之盛，必曰“世美堂灯”。

## 宁　了

大父母喜豢珍禽：舞鹤三对、白鹇一对，孔雀二对，吐绶鸡[①]一只，白鹦鹉、鹩哥、绿鹦鹉十数架。一异鸟名“宁了”，身小如鸽，黑翎如八哥，能作人语，绝不含糊。大母呼媵婢，辄应声曰：“某丫头，太太叫!”有客至，叫曰：“太太，客来了，看茶!”有一新娘子善睡，黎明辄呼曰：“新娘子，天明了，起来罢！太太叫，快起来!”不起，辄骂曰：“新娘子，臭淫妇，浪蹄子!”新娘子恨甚，置毒药杀之。“宁了”疑即“秦吉了”[②]，蜀叙州出，能人言。一日夷人买去，秦吉了曰：“我汉禽不入夷地。”遂惊死，其灵异酷似之。

## 张氏声伎

谢太傅不畜声伎，曰：“畏解，故不畜。”王右军曰：

① 吐绶鸡：火鸡。以喉下有肉垂，似绶带，故称。

② 秦吉了：又称吉了、了哥、与八哥相似，是一种常见的观赏鸟。智商很高，可学人语。

"老年赖丝竹陶写[①]，恒恐儿辈觉。"曰"解"，曰"觉"，古人用字深确。盖声音之道入人最微，一解则自不能已，一觉则自不能禁也。

我家声伎，前世无之，自大父于万历年间与范长白、邹愚公、黄贞父、包涵所诸先生讲究此道，遂破天荒为之。有"可餐班"，以张彩、王可餐、何闰、张福寿名；次则"武陵班"，以何韵士、傅吉甫、夏清之名；再次则"梯仙班"，以高眉生、李岕生、马蓝生名；再次则"吴郡班"，以王畹生、夏汝开、杨啸生名；再次则"苏小小班"，以马小卿、潘小妃名；再次则平子"茂苑班"，以李含香、顾岕竹、应楚烟、杨騄駬名。主人解事日精一日，而傒童技艺亦愈出愈奇。

余历年半百，小傒自小而老、老而复小、小而复老者，凡五易之。无论"可餐""武陵"诸人，如三代法物，不可复见；"梯仙""吴郡"间有存者，皆为佝偻老人；而"苏小小班"亦强半化为异物矣；"茂苑班"则吾弟先去，而诸人再易其主。余则婆娑一老，以碧眼波斯[②]，尚能别

---

① 丝竹陶写：用音乐来陶冶性情。

② 碧眼波斯：碧眼，指孙权。波斯，指南汉主刘𬶍得波斯女，黑而妖艳，赐号媚猪。

其妍丑。山中人至海上归[1]，种种海错[2]皆在其眼，请共舐之。

## 方　物

越中清馋，无过余者，喜啖方物。北京则苹婆果、黄鼠、马牙松；山东则羊肚菜、秋白梨、文官果、甜子；福建则福橘、福橘饼、牛皮糖、红腐乳；江西则青根、丰城脯；山西则天花菜；苏州则带骨鲍螺、山查丁、山查糕、松子糖、白圆、橄榄脯；嘉兴则马交鱼脯、陶庄黄雀；南京则套樱桃、桃门枣、地栗团、窝笋团、山查糖；杭州则西瓜、鸡豆子、花下藕、韭芽、玄笋、塘栖蜜橘；萧山则杨梅、莼菜、鸠鸟、青鲫、方柿；诸暨则香狸、樱桃、虎栗；嵊则蕨粉、细榧、龙游糖；临海则枕头瓜；台州则瓦楞蚶、江瑶柱；浦江则火肉；东阳则南枣；山阴则破塘笋、谢橘、独山菱、河蟹、三江屯蛏[3]、白蛤、江鱼、鲥鱼、里河鰦。

---

① “山中人至海上归”句：在《西湖梦寻序》结尾，张岱说自己就像山中人从海上归来，乡人没见过大海奇珍，觉得这些宝贝被山中人看过，便储蓄在他眼睛里，便群聚而舔他的眼睛，希望能分一杯羹。这里是说自己虽年岁已老，但精通声乐戏曲，这些繁华还是见过的。

② 海错：指众多的海产品。

③ 蛏（chēng）：软体动物，壳长方形，淡褐色，生活在沿海泥沙中，肉可食，味鲜美。

远则岁致之，近则月致之、日致之。耽耽逐逐[1]，日为口腹谋，罪孽固重。但由今思之，四方兵燹[2]，寸寸割裂，钱塘衣带水，犹不敢轻渡，则向之传食四方，不可不谓之福德也。

## 祁止祥癖

人无癖不可与交，以其无深情也；人无疵不可与交，以其无真气也。余友祁止祥有书画癖，有蹴鞠癖，有鼓钹癖，有鬼戏癖，有梨园癖。壬午，至南都，止祥出阿宝示余，余谓："此西方迦陵鸟[3]，何处得来？"阿宝妖冶如蕊女，而娇痴无赖，故作涩勒，不肯着人。如食橄榄，咽涩无味，而韵在回甘；如吃烟酒，鲠𩛿[4]无奈，而软同沾醉。初如可厌，而过即思之。止祥精音律，咬钉嚼铁，一字百磨，口口亲授，阿宝辈皆能曲通主意。

乙酉，南都失守，止祥奔归，遇土贼，刀剑加颈，性命可倾，至宝是宝。丙戌，以监军驻台州，乱民虏掠[5]，

---

① 耽耽逐逐：瞪目逼视而急欲攫取貌。

② 燹（xiǎn）：野火。多指兵乱中纵火焚烧。

③ 迦陵鸟：迦陵频伽鸟，在佛教典籍中常用来比喻佛菩萨的妙音。

④ 𩛿（yē）：同"噎"，食物等阻塞喉咙。

⑤ 虏掠：掠夺。

止祥囊箧都尽，阿宝沿途唱曲，以膳主人。及归，刚半月，又挟之远去。止祥去妻子如脱躧[①]耳，独以娈童崽子为性命，其癖如此。

## 泰安州客店

客店至泰安州，不复敢以客店目之。余进香泰山，未至店里许，见驴马槽房二三十间；再近，有戏子寓二十余处；再近，则密户曲房，皆妓女妖冶其中。余谓是一州之事，不知其为一店之事也。

投店者，先至一厅事[②]，上簿挂号，人纳店例银三钱八分，又人纳税山银一钱八分。店房三等：下客夜素，早亦素，午在山上用素酒果核劳之，谓之“接顶”。夜至店，设席贺，谓烧香后求官得官，求子得子，求利得利，故曰贺也。贺亦三等：上者专席，糖饼、五果[③]、十肴、果核、演戏；次者二人一席，亦糖饼，亦肴核，亦演戏；下者三四人一席，亦糖饼、肴核，不演戏，亦弹唱。计其店中，演戏者二十余处，弹唱者不胜计。庖厨炊爨亦二十余所，奔走服役者一二百人。

---

① 躧（xǐ）：同“屣”，鞋子。

② 厅事：指官署视事问案的厅堂。

③ 五果：枣、李、杏、栗、桃合称为五果。

下山后，荤酒狎妓惟所欲，此皆一日事也。若上山落山，客日日至，而新旧客房不相袭，荤素庖厨不相混，迎送厮役不相兼，是则不可测识之矣。泰安一州与此店比者五六所，又更奇。

# 卷　五

# 范长白

范长白园在天平山下，万石都焉。龙性难驯，石皆笏起，傍为范文正墓。园外有长堤，桃柳曲桥，蟠屈湖面，桥尽抵园，园门故作低小，进门则长廊复壁，直达山麓。其缯楼幔阁、秘室曲房，故故匿之，不使人见也。

山之左为桃源，峭壁回湍，桃花片片流出。右孤山，种梅千树。渡涧为“小兰亭”，茂林修竹，曲水流觞，件件有之。竹大如椽，明静娟洁，打磨滑泽如扇骨，是则兰亭所无也。地必古迹，名必古人，此是主人学问。但桃则溪之，梅则屿之，竹则林之，尽可自名其家，不必寄人篱下也。

余至，主人出见。主人与大父同籍，以奇丑著。是日释褐[①]，大父嬲之曰：“丑不冠带[②]，范年兄亦冠带了也。”人传以笑。余亟欲一见。及出，状貌果奇，似羊肚石雕一小猱[③]，其鼻垩[④]，颧颐犹残缺失次也。冠履精洁，若谐谑谈笑，面目中不应有此。

---

① 释褐（shì hè）：脱去平民衣服。比喻始任官职。

② 丑不冠带：古人认为，丑为阴位，逢丑日或逢丑时不能举行戴冠之礼。

③ 猱（náo）：古书中说的一种猴。

④ 垩（è）：白土，泛指可用来涂饰的土。

开山堂小饮，绮疏藻幕，备极华褥，秘阁清讴，丝竹摇飏，忽出层垣，知为女乐。饮罢，又移席小兰亭，比晚辞去。主人曰：“宽坐，请看‘少焉’。”余不解，主人曰：“吾乡有缙绅先生，喜调文袋，以《赤壁赋》有‘少焉月出于东山之上’句，遂字月为‘少焉’。顷言‘少焉’者，月也。”固留看月，晚景果妙。主人曰：“四方客来，都不及见小园雪，山石谽谺，银涛蹴起，掀翻五泄，捣碎龙湫，世上伟观，惜不令宗子见也。”步月而出，至元墓，宿葆生叔书画舫中。

## 于园

于园在瓜州步[①]五里铺，富人于五所园也。非显者刺[②]，则门钥不得出。葆生叔同知[③]瓜州，携余往，主人处处款之。

园中无他奇，奇在磥石。前堂石坡高二丈，上植果子松数棵，缘坡植牡丹、芍药，人不得上，以实奇。后厅临大池，池中奇峰绝壑，陡上陡下，人走池底，仰视莲花，反在天上，以空奇。卧房槛外，一壑旋下如螺蛳缠，以幽

① 步：通“埠”，码头。

② 刺：名帖。

③ 同知：明清时期的官名，为知府的副职，正五品。

阴深邃奇。再后一水阁，长如艇子，跨小河，四围灌木丛，禽鸟啾唧，如深山茂林，坐其中，颓然碧窈。

瓜州诸园亭，俱以假山显，胎于石，娠于礫石之手，男女[①]于琢磨搜剔之主人，至于园可无憾矣。仪真[②]汪园，辇[③]石费至四五万，其所最加意者，为“飞来”一峰，阴翳泥泞，供人唾骂。余见其弃地下一白石，高一丈、阔二丈而痴，痴妙；一黑石，阔八尺、高丈五而瘦，瘦妙。得此二石足矣，省下二三万收其子母[④]，以世守此二石何如？

## 诸　工

竹与漆与铜与窑，贱工也。嘉兴之腊竹，王二之漆竹，苏州姜华雨之箣箓竹，嘉兴洪漆之漆，张铜之铜，徽州吴明官之窑，皆以竹与漆与铜与窑名家起家，而其人且与缙绅先生列坐抗礼焉。则天下何物不足以贵人，特人自贱之耳。

---

① 男女：与前面的“胎”“娠”连缀，诞生之义。

② 仪真：今江苏扬州仪征。

③ 辇：此处指运载土石。

④ 子母：子，利息；母，本金。

# 姚简叔画

姚简叔画千古，人亦千古。戊寅，简叔客魏国，为上宾。余寓桃叶渡，往来者闵汶水、曾波臣一二人而已。简叔无半面交，访余，一见如平生欢，遂榻余寓。与余料理米盐之事，不使余知。有空则拉余饮淮上馆，潦倒而归。京中诸勋戚大老、朋侪[①]缁衲[②]、高人名妓，与简叔交者，必使交余，无或遗者。

与余同起居者十日，有苍头至，方知其有妾在寓也。简叔塞渊[③]不露聪明，为人落落难合，孤意一往，使人不可亲疏。与余交不知何缘，反而求之不得也。访友报恩寺，出册叶百方，宋元名笔。简叔眼光透入重纸，据梧精思，面无人色。

及归，为余仿苏汉臣[④]：一图，小儿方据澡盆浴，一脚入水，一脚退缩欲出；宫人蹲盆侧，一手掖儿，一手为儿擤鼻涕；旁坐宫娥，一儿浴起伏其膝，为结绣裾[⑤]。一图，宫娥盛装端立，有所俟，双鬟尾之；一侍儿捧盘，盘

---

① 朋侪（chái）：朋辈。

② 缁衲（zī nà）：僧侣。

③ 塞渊：笃厚诚实，见识深远。

④ 苏汉臣：宋开封人，宣和中画院待诏。工道释人物，尤精婴孩。

⑤ 绣裾（jué）：半臂短衣。

列二瓯，意色向客；一宫娥持其盘，为整茶锹，详视端谨。复视原本，一笔不失。

## 炉峰月

炉峰绝顶，复岫回峦，斗耸[1]相乱。千丈岩陬牙横梧[2]，两石不相接者丈许，俯身下视，足震慑不得前。王文成少年曾趵而过，人服其胆。余叔尔蕴以毡裹体，缒[3]而下，余挟二樵子，从壑底搲[4]而上，可谓痴绝。

丁卯四月，余读书天瓦庵，午后同二三友人登绝顶，看落照。一友曰："少需之，俟月出去。胜期难再得，纵遇虎，亦命也。且虎亦有道，夜则下山觅豚犬食耳，渠[5]上山亦看月耶?"语亦有理。四人踞坐金简石上。

是日，月政望，日没月出，山中草木都发光怪，悄然生恐。月白路明，相与策杖而下。行未数武[6]，半山嘄[7]

---

① 斗耸：陡立，耸立。斗，通"陡"。
② 陬（zōu）牙横梧：形容山势犬牙交错。陬，山的角落。梧，抵牾，抵触。
③ 缒（zhuì）：系在绳子上放下去。
④ 搲（wǎ）：爬。
⑤ 渠：他。
⑥ 武：半步。
⑦ 嘄（jiào）：同"叫"。

呼，乃余苍头同山僧七八人，持火燎、輸刀、木棍，疑余辈遇虎失路，缘山叫喊耳。余接声应，奔而上，扶掖下之。次日，山背有人言："昨晚更定，有火燎数十把，大盗百余人，过张公岭，不知出何地?"吾辈匿笑不之语。

谢灵运开山临澥[1]，从者数百人，太守王琇惊駴，谓是山贼，及知为灵运，乃安。吾辈是夜不以山贼缚献太守，亦幸矣。

## 湘 湖

西湖，田也而湖之，成湖焉；湘湖，亦田也而湖之，不成湖焉。湖西湖者，坡公也，有意于湖而湖之者也；湖湘湖者，任长者也，不愿湖而湖之者也。任长者有湘湖田数百顷，称巨富。有术者相其一夜而贫，不信。县官请湖湘湖，灌萧山田，诏湖之，而长者之田一夜失，遂赤贫如术者言。

今虽湖，尚田也，不下插板，不筑堰，则水立涸；是以湖中水道，非熟于湖者不能行咫尺。游湖者坚欲去，必寻湖中小船与湖中识水道之人，溯十阏三，鲠咽不之畅焉。湖里外锁以桥，里湖愈佳。

---

① 开山临澥：指谢灵运从会稽郡始宁开山筑路至临海郡一事。

盖西湖止一湖心亭为眼中黑子，湘湖皆小阜、小墩、小山乱插水面，四围山趾，棱棱砺砺，濡足入水，尤为奇峭。余谓西湖如名妓，人人得而媟亵之；鉴湖如闺秀，可钦而不可狎；湘湖如处子，眡娗羞涩，犹及见其未嫁时也。此是定评，确不可易。

## 柳敬亭说书

南京柳麻子，黧黑，满面疤𤺥[①]，悠悠忽忽，土木形骸。善说书，一日说书一回，定价一两。十日前先送书帕下定，常不得空。南京一时有两行情人：王月生、柳麻子是也。

余听其说《景阳冈武松打虎》白文，与本传大异。其描写刻画，微入毫发，然又找截干净，并不唠叨。勃夬[②]声如巨钟，说至筋节处，叱咤叫喊，汹汹崩屋。武松到店沽酒，店内无人，謈[③]地一吼，店中空缸空甓[④]皆瓮瓮有声。闲中着色，细微至此。

---

① 𤺥（lěi）：皮肤上起的小疙瘩。

② 夬（guài）：坚决，果断。

③ 謈（bó）：叫喊。

④ 甓（pì）：原指砖，此处指瓦缸。

主人必屏息静坐，倾耳听之，彼方掉舌。稍见下人呫哔耳语，听者欠伸有倦色，辄不言，故不得强。每至丙夜[①]，拭桌剪灯，素瓷静递，款款言之。其疾徐轻重，吞吐抑扬，入情入理，入筋入骨。摘世上说书之耳而使之谛听，不怕其不齰舌死也。柳麻子貌奇丑，然其口角波俏，眼目流利，衣服恬静，直与王月生同其婉娈，故其行情正等。

## 樊江陈氏橘

樊江陈氏，辟地为果园，枸菊围之。自麦为蒟酱[②]，自秫酿酒，酒香洌，色如淡金蜜珀，酒人称之。自果自蓏，以螫乳[③]醴之为冥果[④]。树谢橘百株，青不撷，酸不撷，不树上红不撷，不霜不撷，不连蒂剪不撷。故其所撷，橘皮宽而绽，色黄而深，瓤坚而脆，筋解而脱，味甜而鲜。第四门、陶堰、道墟以至塘栖，皆无其比。

余岁必亲至其园买橘，宁迟，宁贵，宁少。购得之，用黄砂缸藉以金城稻草或燥松毛收之。阅十日，草有润

---

① 丙夜：三更。一夜分为五更，即一更、二更、三更、四更、五更。也称甲夜、乙夜、丙夜、丁夜、戊夜。

② 蒟酱（jǔ jiàng）：一种味辛而香的酱。

③ 螫乳（shì rǔ）：蜂蜜的别名。

④ 冥果：一种青果蜜饯。

气，又更换之，可藏至三月尽，甘脆如新撷者。枸菊城主人橘百树，岁获绢百匹，不愧木奴[①]。

## 治沅堂

古有拆字法。宣和间，成都谢石拆字，言祸福如响。徽宗闻之，书一“朝”字，令中贵人[②]持试之。石见字，端视中贵人曰：“此非观察[③]书也。”中贵人愕然。石曰：“‘朝’字离之为‘十月十日’，乃此月此日所生之天人，得非上位耶？”一国骇异。

吾越谢文正[④]厅事名“保锡堂”，后易之他姓，主人至，亟去其扁，人问之，曰：“分明写‘呆人易金堂’。”朱石门[⑤]为文选署中额“典剧”二字，继之者顾诸吏曰：“尔知朱公意乎？此二字离合言之，曰：‘曲处曲处，八刀八刀’耳。”

---

① 木奴：以柑橘树拟人，一棵树就像一个可供驱使聚财的奴仆，且不费衣食。

② 中贵人：皇帝的近侍，太监。

③ 观察：古代官名。

④ 谢文正：谢迁，字于乔，号木斋，谥号文正。明成化十一年（1475）状元，官至东阁大学士，著有《谢文正公文集》《木溪归田稿》。

⑤ 朱石门：朱敬循，字石门，张岱舅祖。

歙许相国[①]孙志吉[②]为大理评事，受魏珰[③]指，案卖黄山，势张甚，当道媚之，送一扁曰“大卜于门”。里人夜至，增减其笔划凡三：一曰“天下未闻”，一倒读之曰“阉手下犬”，一曰“太平拿问”。后直指提问，械至太平，果如其言。凡此数者皆有义味。而吾乡缙绅有名“治沅堂”者，人不解其义，问之，笑不答，力究之，缙绅曰：“无他意，亦止取‘三台[④]三元[⑤]’之义云耳!”闻者喷饭。

## 虎丘中秋夜

虎丘八月半，土著流寓、士夫眷属、女乐声伎、曲中[⑥]名妓、戏婆、民间少妇好女，崽子娈童及游冶恶少、清客帮闲、傒僮走空之辈，无不鳞集。自生公台、千人石、鹤涧、剑池、申文定祠下，至试剑石、一二山门，皆铺毡席地坐。登高望之，如雁落平沙，霞铺江上。

---

① 许相国：许国，字维桢，官至礼部尚书兼东阁大学士。

② 志吉：许国的孙子许志吉，历任太仆寺丞、大理寺正，曾投靠奸臣魏忠贤，被问罪处斩。

③ 魏珰：魏忠贤。珰是一种玉器，为宦官佩戴之物，后借指宦官。

④ 三台：三公，古代最高官职太师、太傅、太保的合称。

⑤ 三元：解元、会元、状元的合称。

⑥ 曲中：妓坊的通称。

天暝月上，鼓吹百十处，大吹大擂，十番铙钹[1]，渔阳掺挝[2]，动地翻天，雷轰鼎沸，呼叫不闻。更定，鼓铙渐歇，丝管繁兴，杂以歌唱，皆“锦帆开”“澄湖万顷”同场大曲，蹲踏[3]和锣丝竹肉声，不辨拍煞。

更深，人渐散去，士夫眷属皆下船水嬉，席席征歌，人人献技，南北杂之，管弦迭奏，听者方辨句字，藻鉴[4]随之。二鼓人静，悉屏管弦，洞箫一缕，哀涩清绵，与肉相引，尚存三四，迭更为之。三鼓，月孤气肃，人皆寂阒[5]，不杂蚊虻。一夫登场，高坐石上，不箫不拍，声出如丝，裂石穿云，串度抑扬，一字一刻。听者寻入针芥，心血为枯，不敢击节，惟有点头。然此时雁比而坐者，犹存百十人焉。使非苏州，焉讨识者！

## 麋 公

万历甲辰，有老医驯一大角鹿，以铁钳其趾，设鞍韅[6]其上，用笼头衔勒，骑而走，角上挂葫芦药瓮，随所

---

① 十番铙钹：创于京师而盛行于江浙地区的传统吹打乐种。
② 渔阳掺挝（càn zhuā）：鼓曲名。
③ 蹲踏：议论纷杂。
④ 藻鉴：指品藻和鉴别。
⑤ 寂阒（qù）：寂静无声。
⑥ 韅（xiǎn）：驾车时套在牲口腹部（一说背部）的皮带。

病出药，服之辄愈。家大人见之喜，欲售其鹿，老人欣然，肯解以赠，大人以三十金售之。五月朔日，为大父寿，大父伟硕，跨之走数百步，辄立而喘。常命小傒笼之，从游山泽。

次年，至云间，解赠陈眉公。眉公羸瘦，行可连二三里，大喜。后携至西湖六桥三竺间，竹冠羽衣，往来于长堤深柳之下，见者啧啧，称为“谪仙”。后眉公复号“麋公”者，以此。

## 扬州清明

扬州清明日，城中男女毕出，家家展墓[①]。虽家有数墓，日必展之。故轻车骏马，箫鼓画船，转折再三，不辞往复。监门小户，亦携肴核纸钱，走至墓所，祭毕，席地饮胙[②]。自钞关、南门、古渡桥、天宁寺、平山堂一带，靓妆藻野[③]，袨服缛[④]川。

随有货郎，路傍摆设骨董古玩并小儿器具。博徒持小

---

① 展墓：扫墓。

② 胙（zuò）：古代祭祀时供的肉。

③ 藻野：藻饰原野。多用以形容仕女所穿的艳服。

④ 缛：繁密的彩饰。

杌[①]坐空地，左右铺衵[②]衫半臂，纱裙汗帨，铜炉锡注，瓷瓯漆奁，及肩彘鲜鱼、秋梨福橘之属，呼朋引类，以钱掷地，谓之"跌成"，或六或八或十，谓之"六成""八成""十成"焉。百十其处，人环观之。

是日，四方流离及徽商西贾，曲中名妓，一切好事之徒，无不咸集。长塘丰草，走马放鹰；高阜平冈，斗鸡蹴踘；茂林清樾，劈阮[③]弹筝。浪子相扑，童稚纸鸢；老僧因果，瞽者说书。立者林林，蹲者蛰蛰[④]。日暮霞生，车马纷沓，宦门淑秀，车幕尽开，婢媵倦归，山花斜插，臻臻簇簇，夺门而入。

余所见者，惟西湖春、秦淮夏、虎丘秋，差足比拟。然彼皆团簇一块，如画家横披；此独鱼贯雁比，舒长且三十里焉，则画家之手卷矣。南宋张择端[⑤]作《清明上河图》，追摹汴京景物，有"西方美人"[⑥]之思，而余目盱盱，能无梦想？

---

① 杌（wù）：小凳。

② 衵（yì）：贴身的内衣。

③ 阮（ruǎn）：一种传统乐器，阮咸的简称。

④ 蛰蛰：众多貌。

⑤ 南宋张择端：一般认为张择端是北宋人。也有人认为他是南宋人。

⑥ 西方美人：出自《诗·邶风·简兮》："云谁之思，西方美人。彼美人兮，西方之人兮。"明朝李诩认为这首诗是怀念君王之作，有可能张岱在这里是借此典故来抒发自己怀念前朝的思绪。

# 金山竞渡

看西湖竞渡十二三次，己巳竞渡于秦淮，辛未竞渡于无锡，壬午竞渡于瓜州，于金山寺。西湖竞渡，以看竞渡之人胜，无锡亦如之。秦淮有灯船无龙船，龙船无瓜州比，而看龙船亦无金山寺比。

瓜州龙船一二十只，刻画龙头尾，取其怒；傍坐二十人持大楫，取其悍；中用彩篷，前后旌幢①绣伞，取其绚；撞钲②挝③鼓，取其节；艄后列军器一架，取其锷；龙头上一人足倒竖，敁敠④其上，取其危；龙尾挂一小儿，取其险。

自五月初一至十五，日日画地而出，五日出金山，镇江亦出。惊湍跳沫，群龙格斗，偶堕洄涡，则百蛣捷捽⑤，蟠委⑥出之。金山上，人团簇，隔江望之，蚁附蜂屯，蠢蠢欲动。晚则万艓齐开，两岸沓沓然而沸。

---

① 旌幢：旌旗。

② 钲：一种打击乐器。

③ 挝（zhuā）：击打。

④ 敁敠（diān duó）：揣度，掂量。此处指人倒挂的样子。

⑤ 百蛣（jié）捷捽（zuó）：形容人身手敏捷。

⑥ 蟠委（pán wěi）：环绕，曲折。

# 刘晖吉女戏

女戏以妖冶恕，以蝉缓恕，以态度恕，故女戏者全乎其为恕也。若刘晖吉则异是。刘晖吉奇情幻想，欲补从来梨园之缺陷。如《唐明皇游月宫》，叶法善[1]作场上，一时黑魆地暗，手起剑落，霹雳一声，黑幔忽收，露出一月，其圆如规，四下以羊角染五色云气，中坐常仪，桂树吴刚，白兔捣药。轻纱幔之，内燃“赛月明”[2]数株，光焰青黎，色如初曙，撒布成梁，遂蹑月窟，境界神奇，忘其为戏也。

其他如舞灯，十数人手携一灯，忽隐忽现，怪幻百出，匪夷所思，令唐明皇见之，亦必目睁口开，谓氍毹[3]场中那得如许光怪耶！彭天锡向余道：“女戏至刘晖吉，何必男子！何必彭大！”天锡曲中南董[4]，绝少许可，而独心折晖吉家姬，其所赏鉴，定不草草。

---

① 叶法善：唐代道士，民间流传着很多关于他的故事。

② 赛月明：一种烟花的名字。

③ 氍毹（qú shū）：毛织的地毯，旧时演戏多用来铺在地上，故氍毹常借指舞台。

④ 南董：是春秋时期时两位“良史”的合称，即齐国的南史、晋国的董狐。两人都以直书不隐著称，后常作为良史的代称。此处指彭天锡对戏曲评论公允。

# 朱楚生

朱楚生，女戏耳，调腔戏耳。其科白之妙，有本腔不能得十分之一者。盖四明姚益城先生精音律，尝与楚生辈讲究关节，妙入情理，如《江天暮雪》《霄光剑》《画中人》等戏，虽昆山老教师细细摹拟，断不能加其毫末也。班中脚色，足以鼓吹楚生者方留之，故班次愈妙。

楚生色不甚美，虽绝世佳人，无其风韵。楚楚谡谡[①]，其孤意在眉，其深情在睫，其解意在烟视媚行[②]。性命于戏，下全力为之。曲白有误，稍为订证之，虽后数月，其误处必改削如所语。

楚生多坐驰[③]，一往深情，摇飏无主。一日，同余在定香桥，日晡烟生，林木窅冥[④]，楚生低头不语，泣如雨下。余问之，作饰语以对。劳心忡忡，终以情死。

---

① 楚楚谡谡（sù）：形容风度清雅高迈。

② 烟视媚行：形容害羞不自然的样子。

③ 坐驰：指表面上安坐不动而内心躁动存有杂念。

④ 窅冥（yǎo míng）：幽暗。

# 扬州瘦马[①]

扬州人日饮食于瘦马之身者，数十百人。娶妾者切勿露意，稍透消息，牙婆驵侩，咸集其门，如蝇附膻，撩扑不去。

黎明，即促之出门，媒人先到者，先挟之去，其余尾其后，接踵伺之。至瘦马家，坐定，进茶，牙婆扶瘦马出，曰："姑娘拜客。"下拜。曰："姑娘往上走。"走。曰："姑娘转身。"转身向明立，面出。曰："姑娘借手睄睄。"尽褫其袂，手出，臂出，肤亦出。曰："姑娘睄相公。"转眼偷觑，眼出。曰："姑娘几岁了？"曰几岁，声出。曰："姑娘再走走。"以手拉其裙，趾出。然看趾有法，凡出门裙幅先响者，必大；高系其裙，人未出而趾先出者，必小。曰："姑娘请回。"一人进，一人又出。看一家必五六人，咸如之。

看中者，用金簪或钗一股插其鬓，曰"插带"。看不中，出钱数百文，赏牙婆或赏其家侍婢，又去看。牙婆倦，又有数牙婆踵伺之。一日、二日至四五日，不倦亦不

---

① 瘦马：养瘦马是明清时期的一种畸形行业。人贩子先出资把贫苦家庭中面貌姣好的女孩买回调习，教她们歌舞、琴棋、书画，长成后卖与富人做妾或入秦楼楚馆，以此从中牟利。因贫女多瘦弱，"瘦马"之名由此而来。

尽。然看至五六十人，白面红衫，千篇一律，如学字者，一字写至百至千，连此字亦不认得矣。心与目谋，毫无把柄，不得不聊且迁就，定其一人。

“插带”后，本家出一红单，上写彩缎若干、金花若干、财礼若干、布匹若干，用笔蘸墨，送客点阅。客批财礼及缎匹如其意，则肃客归。归未抵寓，而鼓乐盘担、红绿羊酒在其门久矣。不一刻，而礼币、糕果俱齐，鼓乐导之去。去未半里，而花轿花灯、擎燎火把、山人[1]傧相、纸烛供果牲醴之属，门前环侍。厨子挑一担至，则蔬果、肴馔汤点、花棚糖饼、桌围坐褥、酒壶杯箸、龙虎寿星、撒帐牵红、小唱弦索之类，又毕备矣。不待复命，亦不待主人命，而花轿及亲送小轿一齐往迎，鼓乐灯燎，新人轿与亲送轿一时俱到矣。新人拜堂，亲送上席，小唱鼓吹，喧填热闹。日未午而讨赏遽去，急往他家，又复如是。

---

① 山人：这里指算命的人。

# 卷　六

# 彭天锡串戏

彭天锡串戏妙天下，然出出皆有传头，未尝一字杜撰。曾以一出戏，延其人至家，费数十金者，家业十万，缘手而尽。三春多在西湖，曾五至绍兴，到余家串戏五六十场，而穷其技不尽。

天锡多扮丑净，千古之奸雄佞幸[1]，经天锡之心肝而愈狠，借天锡之面目而愈刁，出天锡之口角而愈险。设身处地，恐纣之恶不如是之甚也。皱眉视眼，实实腹中有剑，笑里有刀，鬼气杀机，阴森可畏。盖天锡一肚皮书史，一肚皮山川，一肚皮机械[2]，一肚皮磊砢不平之气，无地发泄，特于是发泄之耳。

余尝见一出好戏，恨不得法锦[3]包裹，传之不朽。尝比之天上一夜好月，与得火候一杯好茶，只可供一刻受用，其实珍惜之不尽也。桓子野见山水佳处，辄呼"奈何！奈何！"，真有无可奈何者，口说不出。

---

① 佞幸（nìng xìng）：以谄媚得到君主宠幸的人。

② 机械：机巧，智谋。

③ 法锦：一种丝织品。

# 目莲戏

尔蕴叔演武场搭一大台，选徽州旌阳戏子剽轻精悍、能相扑跌打者三四十人，搬演目莲，凡三日三夜。四围女台百什座，戏子献技台上，如度索舞絙[①]、翻桌翻梯、筋斗蜻蜓、蹬坛蹬臼、跳索跳圈，窜火窜剑之类，大非情理。凡天神地祇、牛头马面、鬼母丧门、夜叉罗刹、锯磨鼎镬、刀山寒冰、剑树森罗、铁城血澥，一似吴道子《地狱变相》，为之费纸札者万钱。人心惴惴，灯下面皆鬼色。戏中套数，如《招五方恶鬼》《刘氏逃棚》等剧，万余人齐声呐喊。熊太守谓是海寇卒至，惊起，差衙官侦问，余叔自往复之，乃安。

台成，叔走笔书二对。一曰："果证幽明，看善善恶恶随形答响，到底来那个能逃？道通昼夜，任生生死死换姓移名，下场去此人还在。"一曰："装神扮鬼，愚蠢的心下惊慌，怕当真也是如此。成佛作祖，聪明人眼底忽略，临了时还待怎生？"真是以戏说法。

---

① 絙（gēng）：粗绳子。

## 甘文台炉

香炉贵适用，尤贵耐火。三代青绿，见火即败坏，哥、汝窑亦如之。便用便火，莫如宣炉。然近日宣铜一炉，价百四五十金，焉能办之？北铸[①]如施银匠亦佳，但粗夯可厌。苏州甘回子文台，其拨蜡范沙，深心有法，而烧铜色等分两[②]，与宣铜款致分毫无二，俱可乱真。然其与人不同者，尤在铜料。

甘文台以回回教门不崇佛法，乌斯藏[③]渗金佛，见即锤碎之，不介意，故其铜质不特与宣铜等，而有时实胜之。甘文台自言佛像遭劫已七百尊有奇矣。余曰："使回回国别有地狱，则可。"

## 绍兴灯景

绍兴灯景为海内所夸者无他，竹贱、灯贱、烛贱。贱，

---

① 北铸：宣德以后历朝均有仿造宣炉者，也有私家制作的。万历天启年间，京师（北京）学道及施家所造称为北铸，金陵（南京）甘家（甘文台）所造称为南铸。

② 分两：指一分一两。谓分量、轻重。

③ 乌斯藏：明代称西藏为"乌斯藏"。

故家家可为之；贱，故家家以不能灯为耻。故自庄逵[①]以至穷檐曲巷，无不灯、无不棚者。棚以二竿竹搭过桥，中横一竹，挂雪灯一，灯球六。大街以百计，小巷以什计。从巷口回视巷内，复叠堆垛，鲜妍飘洒，亦足动人。十字街搭木棚，挂大灯一，俗曰“呆灯”，画《四书》《千家诗》故事，或写灯谜，环立猜射之。

庵堂寺观以木架作柱灯及门额，写“庆赏元宵”“与民同乐”等字。佛前红纸荷花琉璃百盏，以佛图灯带间之，熊熊煜煜[②]。庙门前高台，鼓吹五夜。市廛[③]如横街、轩亭、会稽县西桥，闾里相约，故盛其灯。更于其地斗狮子灯，鼓吹弹唱，施放烟火，挤挤杂杂。小街曲巷有空地，则跳大头和尚，锣鼓声错，处处有人团簇看之。

城中妇女多相率步行，往闹处看灯；否则，大家小户杂坐门前，吃瓜子、糖豆，看往来士女，午夜方散。乡村夫妇多在白日进城，乔乔画画[④]，东穿西走，曰“钻灯棚”，曰“走灯桥”，天晴无日无之。

万历间，父叔辈于龙山放灯，称盛事，而年来有效之

---

① 逵：通往各方的道路。

② 熊熊煜煜：形容灯火灿烂辉煌的样子。

③ 廛（chán）：此处街市中的房屋。

④ 乔乔画画：化妆，打扮。

者。次年，朱相国[①]家放灯塔山。再次年，放灯蕺山。蕺山以小户效颦，用竹棚，多挂纸魁星灯。有轻薄子作口号嘲之曰：“蕺山灯景实堪夸，箹筱竿头挂夜叉。若问搭彩是何物，手巾脚布神袍纱。”由今思之，亦是不恶。

## 韵　山

大父至老，手不释卷，斋头亦喜书画、瓶几布设。不数日，翻阅搜讨，尘堆研表，卷帙正倒参差。常从尘砚中磨墨一方，头眼入于纸笔，潦草作书生家蝇头细字。日晡向晦，则携卷出帘外就天光。爇[②]烛檠高，光不到纸，辄倚几携书就灯，与光俱俯，每至夜分，不以为疲。

常恨《韵府韵玉》《五车韵瑞》寒俭可笑，意欲广之。乃博采群书，用淮南“大小山”[③]义，摘其事曰《大山》，摘其语曰《小山》，事语已详本韵而偶寄他韵下曰《他山》，脍炙人口者曰《残山》，总名之曰《韵山》。

小字襞积[④]，烟煤残楮[⑤]，厚如砖块者三百余本。一韵

① 朱相国：即朱赓。

② 爇（ruò）：烧。

③ 大小山：即大山小山。汉淮南王刘安招集文人从事著述，各造辞赋，以类相从，分别称为大山或小山，犹《诗经》之有《大雅》和《小雅》。

④ 襞积（bì jī）：衣服上的褶裥。比喻重叠、堆积。

⑤ 残楮（chǔ）：指残缺不全的典籍。

积至十余本，《韵府》《五车》不啻千倍之矣。政欲成帙，胡仪部青莲[①]携其尊人所出中秘书[②]，名《永乐大典》者，与《韵山》政相类，大帙三十余本，一韵中之一字犹不尽焉。大父见而太息曰："书囊无尽，精卫衔石填海，所得几何！"遂辍笔而止。以三十年之精神，使为别书，其博洽应不在王弇州、杨升庵下。今此书再加三十年，亦不能成，纵成亦力不能刻。笔冢如山，只堪覆瓿[③]，余深惜之。丙戌兵乱，余载往九里山，藏之藏经阁，以待后人。

## 天童寺僧

戊寅，同秦一生诣天童访金粟和尚。到山门，见万工池绿净，可鉴须眉，傍有大锅覆地，问僧，僧曰："天童山有龙藏，龙常下饮池水，故此水刍秽不入。正德间，二龙斗，寺僧五六百人撞钟鼓撼之，龙怒，扫寺成白地，锅其遗也。"

入大殿，宏丽庄严。折入方丈[④]，通名刺。老和尚见人便打，曰"棒喝"。余坐方丈，老和尚迟迟出，二侍者

---

① 胡仪部青莲：胡青莲，字直卿，号青莲。仪部，对礼部官员的别称。

② 中秘书：朝廷的藏书机构。

③ 覆瓿（bù）：比喻著作没价值，只能用来盖酱罐。

④ 方丈：一丈四方之室。又作方丈室、丈室。即禅寺中住持之居室或客殿。

执杖、执如意先导之，南向立，曰："老和尚出。"又曰："怎么行礼？"盖官长见者皆下拜，无抗礼，余屹立不动，老和尚下，行宾主礼。侍者又曰："老和尚怎么坐？"余又屹立不动，老和尚肃余坐。坐定，余曰："二生门外汉，不知佛理，亦不知佛法，望老和尚慈悲，明白开示。勿劳棒喝，勿落机锋，只求如家常白话，老实商量，求个下落。"老和尚首肯余言，导余随喜。

蚤晚斋方丈，敬礼特甚。余遍观寺中僧匠千五百人，俱舂者、碓者、磨者、甑者、汲者、爨[①]者、锯者、劈者、菜者、饭者，狰狞急遽，大似吴道子一幅《地狱变相》。老和尚规矩严肃，常自起撞人，不止"棒喝"。

## 水浒牌[②]

古貌古服、古兜鍪[③]、古铠胄、古器械，章侯自写其所学所问已耳。而辄呼之曰"宋江"，曰"吴用"，而"宋江""吴用"亦无不应者，以英雄忠义之气，郁郁芊芊，积于笔墨间也。

---

① 爨（cuàn）：烧火做饭。

② 水浒牌：张岱好友陈洪绶所绘的水浒人物酒牌，用以行酒令。

③ 兜鍪（dōu móu）：古代战士戴的头盔。

周孔嘉[①]丐余促章侯，孔嘉丐之，余促之，凡四阅月而成。余为作“缘起”曰：“余友章侯，才足掞天，笔能泣鬼。昌谷道上，婢囊呕血之诗；兰渚寺中，僧秘开花之字。兼之力开画苑，遂能目无古人，有索必酬，无求不与。既蠲[②]郭恕先[③]之癖，喜周贾耘老[④]之贫，画《水浒》四十人，为孔嘉八口计，遂使宋江兄弟，复睹汉官威仪。伯益考著《山海》遗经，兽毨鸟氄，[⑤] 皆拾为千古奇文；吴道子画《地狱变相》，青面獠牙，尽化作一团清气。收掌付双荷叶，能月继三石米，致二斗酒，不妨持赠；珍重如柳河东，必日灌蔷薇露，薰玉蕤香，方许解观。非敢阿私，愿公同好。”

## 烟雨楼

嘉兴人开口烟雨楼，天下笑之。然烟雨楼故自佳。楼

---

① 周孔嘉：张岱好友。

② 蠲（juān）：除去，免除。

③ 郭恕先：即郭忠恕，恕先乃其表字，五代末北宋初人。他工书善画，尤以画房屋建筑见长，藏其画者以为宝。此处说陈章侯“既蠲郭恕先之癖”，是说陈章侯扬弃了郭氏为富人作画之癖。

④ 耘老：即贾收，有诗名，与苏轼、李常交情甚笃，是一位穷书生。

⑤ 兽毨（xiǎn）鸟氄（rǒng）：指鸟兽新生的齐整而软的毛。此处代指各种鸟兽。

襟对莺泽湖[1]，涳涳蒙蒙，时带雨意，长芦高柳，能与湖为浅深。湖多精舫，美人航之，载书画茶酒，与客期于烟雨楼。客至，则载之去，舣舟于烟波缥缈。态度幽闲，茗炉相对，意之所安，经旬不返。舟中有所需，则逸出宣公桥、甪里街，果蓏蔬鲜，法膳琼苏，咄嗟立办，旋即归航柳湾桃坞。痴迷伫想，若遇仙缘，洒然言别，不落姓氏。间有倩女离魂，文君新寡，亦效颦为之。淫靡之事，出以风韵，习俗之恶，愈出愈奇。

## 朱氏收藏

朱氏家藏，如“龙尾觥”“合卺杯”，雕镂锲刻，真属鬼工，世不再见。余如秦铜汉玉、周鼎商彝、哥窑倭漆、厂盒宣炉、法书名画、晋帖唐琴，所畜之多，与分宜[2]埒富，时人讥之。余谓博洽好古，犹是文人韵事，风雅之列，不黜曹瞒，赏鉴之家，尚存秋壑[3]。诗文书画未尝不抬举古人，恒恐子孙效尤，以袖攫石、攫金银以赚田宅，豪夺巧取，未免有累盛德。闻昔年朱氏子孙，有欲卖尽

① 莺泽湖：今嘉兴南湖。

② 分宜：严嵩，字惟中，一字介溪，号勉庵、分宜等。《明史》将严嵩列为明代六大奸臣之一。

③ 秋壑：贾似道，字师宪，号悦生、秋壑，宋理宗时权臣。《宋史》将他列为奸臣。

"坐朝问道"四号田者，余外祖兰风先生谑之曰："你只管坐朝问道，怎不管垂拱平章？"一时传为佳话。

## 仲叔古董

葆生叔少从渭阳游，遂精赏鉴。得白定炉、哥窑瓶、官窑酒匜，项墨林以五百金售之，辞曰："留以殉葬。"

癸卯，道淮上，有铁梨木天然几，长丈六，阔三尺，滑泽坚润，非常理。淮抚李三才百五十金不能得，仲叔以二百金得之，解维遽去。淮抚大恚怒[①]，差兵蹑之，不及而返。

庚戌，得石璞三十斤，取日下水涤之，石罅中光射如鹦哥祖母，知是水碧，仲叔大喜，募玉工仿朱氏"龙尾觥"一，"合卺杯"一，享价三千，其余片屑寸皮，皆成异宝。仲叔赢资巨万，收藏日富。

戊辰后，倅姑熟，倅姑苏，寻令盟津。河南为铜薮，所得铜器盈数车。"美人觚"一种，大小十五六枚，青绿彻骨，如翡翠，如鬼眼青，有不可正视之者。归之燕客[②]，

---

① 恚（huì）怒：生气，愤怒。

② 燕客：张萼，字燕客，张岱叔叔张葆生之子，好山水园艺、古董收藏。

一日失之，或是龙藏收去。

## 噱　社

仲叔善诙谐，在京师与漏仲容、沈虎臣、韩求仲辈结“噱社”，唼喋[①]数言，必绝缨[②]喷饭。漏仲容为帖括[③]名士，常曰：“吾辈老年读书做文字，与少年不同。少年读书，如快刀切物，眼光逼注，皆在行墨空处，一过辄了。老年如以指头掐字，掐得一个，只是一个，掐得不着时，只是白地。少年做文字，白眼看天，一篇现成文字挂在天上，顷刻下来，刷入纸上，一刷便完。老年如恶心呕吐，以手扼入齿哕出之，出亦无多，总是渣秽。”此是格言，非止谐语。

一日，韩求仲与仲叔同宴一客，欲连名速[④]之，仲叔曰：“我长求仲，则我名应在求仲前，但缀蝇头于如拳之上，则是细注在前，白文在后，那有此理！”人皆失笑。

沈虎臣出语尤尖巧。仲叔候座师[⑤]收一帽套，此日严

---

① 唼喋（shà zhá）：这里指聚集一处。

② 绝缨：扯断结冠的带。形容朋友聚会，不拘形迹。

③ 帖括：指唐朝明经科考试的一种方法。此处指八股文。

④ 速：邀请。

⑤ 座师：古代举人、进士对主考官的尊称。

寒，沈虎臣嘲之曰："座主已收帽套去，此地空余帽套头；帽套一去不复返，此头千载冷悠悠。"其滑稽多类此。

## 鲁府松棚

报国寺松，蔓引亸委[①]，已入藤理。入其下者，蹒跚跼蹐，气不得舒。鲁府旧邸二松，高丈五，上及檐甃，劲竿如蛇脊，屈曲撑距，意色酣怒，鳞爪拿攫，义不受制，鬣起针针，怒张如戟。旧府呼"松棚"，故松之意态情理无不棚之。便殿三楹盘郁殆遍，暗不通天，密不通雨。鲁宪王晚年好道，尝取松肘一节，抱与同卧，久则滑泽酣酡，似有血气。

## 一尺雪

"一尺雪"为芍药异种，余于兖州见之。花瓣纯白，无须萼，无檀心[②]，无星星红紫，洁如羊脂，细如鹤翮，结楼吐舌，粉艳雪腴。上下四旁方三尺，干小而弱，力不能支，蕊大如芙蓉，辄缚一小架扶之。

---

① 亸（duǒ）委：盘曲下垂的样子。

② 檀心：浅红色的花蕊。

大江以南，有其名无其种，有其种无其土，盖非兖勿易见之也。兖州种芍药者如种麦，以邻以亩。花时宴客，棚于路、彩于门、衣于壁、障于屏、缀于帘、簪于席、茵于阶者，毕用之，日费数千勿惜。余昔在兖，友人日剪数百朵送寓所，堆垛狼藉，真无法处之。

## 菊　海

兖州张氏期余看菊，去城五里。余至其园，尽其所为园者而折旋之，又尽其所不尽为园者而周旋之，绝不见一菊，异之。移时，主人导至一苍莽空地，有苇厂三间，肃余入，遍观之，不敢以菊言，真菊海也。厂三面，砌坛三层，以菊之高下高下之。花大如瓷瓯，无不球，无不甲，无不金银荷花瓣，色鲜艳，异凡本，而翠叶层层，无一早脱者。此是天道，是土力，是人工，缺一不可焉。

兖州缙绅家风气袭王府，赏菊之日，其桌、其炕、其灯、其炉、其盘、其盒、其盆盎、其肴器、其杯盘大觥、其壶、其帏、其褥、其酒、其面食、其衣服花样，无不菊者。夜烧烛照之，蒸蒸烘染，较日色更浮出数层。席散，撤苇帘以受繁露。

# 曹山

万历甲辰，大父游曹山，大张乐于狮子岩下。石梁先生[①]戏作《山君檄》讨大父，祖昭明太子[②]语，谓若以管弦污我岩壑。大父作檄骂之，有曰："谁云鬼刻神镂，竟是残山剩水！"石篑先生[③]嗤石梁曰："文人也，那得犯其锋！不若自认，以'残山剩水'四字摩崖勒之。"先辈之引重如此。曹石宕为外祖放生池，积三十余年，放生几百千万，有见池中放光如万炬烛天，鱼虾荇藻附之而起，直达天河者。

余少时从先宜人至曹山庵作佛事，以大竹篰[④]贮西瓜四，浸宕内。须臾，大声起岩下，水喷起十余丈，三小舟缆断，颠播波中，冲击几碎。舟人急起视，见大鱼如舟，口喝四瓜，掉尾而下。

---

① 石梁先生：即陶奭龄，明代学者。字君奭，一字公望，号石梁，又号小柴桑老。王阳明之三传弟子，与其兄陶望龄并称"二陶"。

② 昭明太子：萧统，字德施，谥号昭明，南朝梁武帝长子，未即位而死。曾招募文客，编选《文选》。

③ 石篑先生：陶望龄，字周望，号石篑，曾为国子监祭酒。

④ 篰（bù）：竹篓。

# 齐景公墓花樽

霞头[1]沈佥事[2]宦游时，有发掘齐景公墓者，迹之，得铜豆[3]三，大花樽二。豆朴素无奇。花樽高三尺，束腰拱起，口方而敞，四面戟楞，花纹兽面，粗细得款，自是三代法物。归乾阳刘太公[4]，余见赏识之，太公取与严，一介不敢请。

及宦粤西，外母归余斋头，余拂拭之，为发异光。取浸梅花，贮水，汗下如雨，逾刻始收，花谢结子，大如雀卵。余藏之两年，太公归自粤西，稽复之，余恐伤外母意，亟归之。后为驵侩所啖，竟以百金售去，可惜！今闻在歙县某氏家庙。

---

① 霞头：地名，在绍兴城西郭门外三里。

② 沈佥事：沈炼，字纯甫，号青霞。

③ 铜豆：古代食器，用来盛肉酱一类食物。

④ 乾阳刘太公：刘毅，字健甫，别号乾阳。他有一位孙女嫁给了张岱，所以张岱称他“太公”。

# 卷　七

# 西湖香市

西湖香市，起于花朝[①]，尽于端午。山东进香普陀者日至，嘉湖[②]进香天竺者日至，至则与湖之人市焉，故曰香市。然进香之人市于三天竺，市于岳王坟，市于湖心亭，市于陆宣公祠，无不市，而独凑集于昭庆寺。昭庆寺两廊故无日不市者，三代八朝之骨董，蛮夷闽貊[③]之珍异，皆集焉。至香市，则殿中边甬道上下、池左右、山门内外，有屋则摊，无屋则厂，厂外又棚，棚外又摊，节节寸寸。凡胭脂簪珥、牙尺剪刀，以至经典木鱼、伢儿嬉具之类，无不集。

此时春暖，桃柳明媚，鼓吹清和，岸无留船，寓无留客，肆无留酿。袁石公[④]所谓“山色如娥，花光如颊，波纹如绫，温风如酒”，已画出西湖三月。而此以香客杂来，光景又别。士女闲都[⑤]，不胜其村妆野妇之乔画；芳兰芗泽，不胜其合香芫荽[⑥]之薰蒸；丝竹管弦，不胜其摇鼓喝

---

① 花朝：花朝节，也叫花神节，俗称百花生日，一般于农历二月初二、二月十二或二月十五举行。

② 嘉湖：浙江嘉兴、湖州两地。

③ 蛮夷闽貊（mò）：泛指少数民族。

④ 袁石公：袁宏道，字中郎，又字无学，号石公。

⑤ 闲都：文雅俊美。

⑥ 芫荽：香菜。

笙之聒帐；鼎彝光怪，不胜其泥人竹马之行情；宋元名画，不胜其湖景佛图之纸贵。如逃如逐，如奔如追，撩扑不开，牵挽不住。数百十万男男女女、老老少少，日簇拥于寺之前后左右者，凡四阅月方罢。恐大江以东，断无此二地矣。

崇祯庚辰三月，昭庆寺火。是岁及辛巳、壬午洊饥[①]，民强半[②]饿死。壬午虏鲠山东，香客断绝，无有至者，市遂废。辛巳夏，余在西湖，但见城中饿殍舁[③]出，扛挽相属。时杭州刘太守梦谦，汴梁人，乡里抽丰[④]者多寓西湖，日以民词馈送。有轻薄子改古诗诮之曰："山不青山楼不楼，西湖歌舞一时休。暖风吹得死人臭，还把杭州送汴州。"可作西湖实录。

## 鹿苑寺方柿

萧山方柿，皮绿者不佳，皮红而肉糜烂者不佳，必树头红而坚脆如藕者，方称绝品。然间遇之，不多得。余向

① 洊（jiàn）饥：连年饥荒。
② 强半：超过一半。
③ 舁（yú）：抬。
④ 抽丰：明代"流行语"，即以各种名目向人索取钱财、捞取好处，俗称"打秋风"。

言西瓜生于六月，享尽天福；秋白梨生于秋，方柿、绿柿生于冬，未免失候。

丙戌，余避兵西白山，鹿苑寺前后有夏方柿十数株。六月歊[①]暑，柿大如瓜，生脆如咀冰嚼雪，目为之明，但无法制之，则涩勒不可入口。土人以桑叶煎汤，候冷，加盐少许，入瓮内，浸柿没其颈，隔二宿取食，鲜磊异常。余食萧山柿多涩，请赠以此法。

## 西湖七月半

西湖七月半，一无可看，止可看看七月半之人。看七月半之人，以五类看之。其一，楼船箫鼓，峨冠盛筵，灯火优傒，声光相乱，名为看月而实不见月者，看之。

其一，亦船亦楼，名娃闺秀，携及童娈，笑啼杂之，环坐露台，左右盼望，身在月下而实不看月者，看之。其一，亦船亦声歌，名妓闲僧，浅斟低唱，弱管轻丝，竹肉相发，亦在月下，亦看月，而欲人看其看月者，看之。

其一，不舟不车，不衫不帻，酒醉饭饱，呼群三五，

---

① 歊（xiāo）：炎热。

跻入人丛，昭庆、断桥，嘄[1]呼嘈杂，装假醉，唱无腔曲，月亦看，看月者亦看，不看月者亦看，而实无一看者，看之。其一，小船轻幌，净几暖炉，茶铛旋煮，素瓷静递，好友佳人，邀月同坐，或匿影树下，或逃嚣里湖，看月而人不见其看月之态，亦不作意看月者，看之。

杭人游湖，巳出酉归，避月如仇。是夕好名，逐队争出，多犒门军酒钱，轿夫擎燎，列俟岸上。一入舟，速舟子急放断桥，赶入胜会。以故二鼓以前，人声鼓吹，如沸如撼，如魇如呓，如聋如哑。大船小船一齐凑岸，一无所见，止见篙击篙、舟触舟、肩摩肩、面看面而已。少刻兴尽，官府席散，皂隶喝道去，轿夫叫船上人，怖以关门。灯笼火把如列星，一一簇拥而去。岸上人亦逐队赶门，渐稀渐薄，顷刻散尽矣。

吾辈始舣舟近岸，断桥石磴始凉，席其上，呼客纵饮。此时，月如镜新磨，山复整妆，湖复颒[2]面。向之浅斟低唱者出，匿影树下者亦出，吾辈往通声气，拉与同坐。韵友来，名妓至，杯箸安，竹肉发。月色苍凉，东方将白，客方散去。吾辈纵舟，酣睡于十里荷花之中，香气拍人，清梦甚惬。

---

① 嘄（jiào）：同“叫”。

② 颒（huì）面：洗脸。

## 及时雨

壬申七月，村村祷雨，日日扮潮神海鬼，争唾之。余里中扮《水浒》，且曰：画《水浒》者，龙眠[①]、松雪[②]、近章侯，总不如施耐庵。但如其面勿黛，如其髭勿鬣，如其兜鍪勿纸，如其刀杖勿树，如其传勿杜撰，勿弋阳腔，则十得八九矣。

于是分头四出，寻黑矮汉，寻梢长大汉，寻头陀，寻胖大和尚，寻茁壮妇人，寻姣长妇人，寻青面，寻歪头，寻赤须，寻美髯，寻黑大汉，寻赤脸长须，大索城中。无则之郭、之村、之山僻、之邻府州县，用重价聘之，得三十六人。梁山泊好汉，个个呵活，臻臻至至，人马称娖[③]而行，观者兜截遮拦，直欲看杀卫玠[④]。

五雪叔归自广陵，多购法锦宫缎，从以台阁者八：雷部

---

① 龙眠：宋代著名画家李公麟的别号。

② 松雪：赵孟頫，字子昂，号松雪道人，又号水精（晶）宫道人、鸥波，中年曾署孟俯。浙江吴兴（今浙江湖州）人。南宋末至元初著名书法家、画家、诗人。

③ 称娖（chuò）：行列齐整貌。

④ 看杀卫玠：卫玠，字叔宝，河东安邑（今山西夏县北）人，曹魏尚书卫觊曾孙、太保卫瓘之孙。中国古代四大美男之一。卫玠从豫章郡到京都时，人们争相出来看他。卫玠身体本就虚弱，受不了劳累，竟因此重病而亡。当时的人说是看死了卫玠。

六，大士一，龙宫一，华重美都，见者目夺气亦夺。盖自有台阁，有其华无其重，有其美无其都，有其华重美都，无其思致，无其文理。轻薄子有言："不替他谦了也，事事精办。"

季祖南华老人喃喃怪问余曰："《水浒》与祷雨有何义味？近佘山盗起，迎盗何为耶？"余俯首思之，果诞而无谓，徐应之曰："有之。天罡尽以宿太尉殿焉。用大牌六，书'奉旨招安'者二，书'风调雨顺'者一，'盗息民安'者一，更大书'及时雨'者二，前导之。"观者欢喜赞叹，老人亦匿笑而去。

## 山艇子樟

龙山自巘花阁而西皆骨立，得其一节，亦尽名家。山艇子[①]石，意尤孤孑，壁立霞剥[②]，义不受土。大樟徙其上，石不容也，然不恨石，屈而下，与石相亲疏。石方广三丈，右坳而凹，非竹则尽矣，何以浅深乎石。然竹怪甚，能孤行，实不藉石。竹节促而虬，叶毨毨如猬毛、如松狗尾，离离矗矗[③]，捎捩[④]攒挤，若有所惊者。竹不可一

① 山艇子：浙江绍兴龙山西南的一处地名。张岱曾于此读书。

② 霞剥：在高处不沾尘土。

③ 离离矗矗：茂盛挺拔的样子。

④ 捩（liè）：扭转。

世，不敢以竹二之。或曰：古金错刀[①]也。或曰：竹生石上，土肤浅，蚀其根，故轮囷[②]盘郁，如黄山上松。

山艇子樟，始之石，中之竹，终之楼，意长楼不得竟其长，故艇之。然伤于贪，特特向石，石意反不之属，使去丈而楼，壁出樟出，竹亦尽出。竹石间意，在以淡远取之。

## 悬杪亭

余六岁随先君子读书于悬杪亭，记在一峭壁之下，木石撑距，不借尺土，飞阁虚堂，延骈如栉。缘崖而上，皆灌木高柯，与檐甃[③]相错。取杜审言[④]"树杪玉堂悬"句，名之"悬杪"，度索寻樟，大有奇致。后仲叔庐其崖下，信堪舆家言，谓碍其龙脉，百计购之，一夜徙去，鞠为茂草。儿时怡寄，常梦寐寻往。

---

① 古金错刀：相传南唐后主李煜创金错刀字体。赵孟頫将书法中的金错刀笔法用来画竹，使墨竹工整中透出飘逸之气。

② 轮囷（lún qūn）：盘曲貌，硕大貌。

③ 甃（zhòu）：砖。此处代指屋檐。

④ 杜审言："诗圣"杜甫的祖父。

# 雷殿

雷殿在龙山磨盘冈下，钱武肃王[①]于此建蓬莱阁，有断碣在焉。殿前石台高爽，乔木萧疏。六月，月从南来，树不蔽月。余每浴后拉秦一生、石田上人、平子辈坐台上，乘凉风，携肴核，饮香雪酒，剥鸡豆，啜乌龙井水，水凉冽激齿。下午着人投西瓜浸之，夜剖食，寒栗逼人，可雠[②]三伏。林中多鹘[③]，闻人声辄惊起，磔磔[④]云霄间，半日不得下。

# 龙山雪

天启六年十二月，大雪深三尺许。晚霁，余登龙山，坐上城隍庙山门，李岕生、高眉生、王畹生、马小卿、潘小妃侍。[⑤] 万山载雪，明月薄之，月不能光，雪皆呆白。坐久清冽，苍头送酒至，余勉强举大觥敌寒，酒气冉冉，

---

① 钱武肃王：钱镠（liú），字具美（一作巨美），小字婆留，五代十国时期吴越国创建者。

② 雠（chóu）：应对。

③ 鹘（hú）：隼。

④ 磔磔（zhé zhé）：鸟鸣声。

⑤ 李岕生、高眉生、王畹生、马小卿、潘小妃五人均为张岱家戏班子成员。

积雪喝之，竟不得醉。马小卿唱曲，李岕生吹洞箫和之，声为寒威所慑，咽涩不得出。三鼓归寝。马小卿、潘小妃相抱从百步街旋滚而下，直至山趾，浴雪而立。余坐一小羊头车，拖冰凌而归。

## 庞公池

庞公池岁不得船，况夜船，况看月而船。自余读书山艇子，辄留小舟于池中，月夜，夜夜出，缘城至北海坂，往返可五里，盘旋其中。山后人家，闭门高卧，不见灯火，悄悄冥冥，意颇凄恻。

余设凉簟，卧舟中看月，小傒船头唱曲，醉梦相杂，声声渐远，月亦渐淡，嗒然睡去。歌终忽寤，唅哰赞之，寻复鼾齁。小傒亦呵欠歪斜，互相枕藉。舟子回船到岸，篙啄丁丁，促起就寝。此时胸中浩浩落落，并无芥蒂，一枕黑甜，高春[①]始起，不晓世间何物谓之忧愁。

## 品山堂鱼宕

二十年前，强半住众香国[②]，日进城市，夜必出之。

① 高春：指太阳高升。

② 众香国：张岱父亲张耀芳所建的园林，在绍兴城偏门西五里中堰。

品山堂，孤松箕踞，岸帻入水。池广三亩，莲花起岸，莲房以百以千，鲜磊可喜。新雨过，收叶上荷珠煮茶，香扑烈。

门外鱼宕，横亘三百余亩，多种菱芡。小菱如姜芽，辄采食之，嫩如莲实，香似建兰，无味可匹。深秋，橘奴饱霜，非个个红绽不轻下剪。季冬观鱼，鱼艓千余艘，鳞次栉比。罱[①]者夹之，罛[②]者扣之，簎[③]者罨[④]之，罾[⑤]者撒之，罩者抑之，罣[⑥]者举之，水皆泥泛，浊如土浆。鱼入网者圉圉[⑦]，漏网者噞噞[⑧]，寸鲵纤鳞，无不毕出。集舟分鱼，鱼税三百余斤，赤鱼白肚，满载而归。约吾昆弟，烹鲜剧饮，竟日方散。

## 松花石

松花石，大父舁自潇江署中。石在江口神祠，土人割

---

① 罱（lǎn）：捕鱼或捞水草、河泥的工具。
② 罛（gū）：大的渔网。
③ 簎（cè）：捕鱼用的竹帘。
④ 罨（yǎn）：捕鸟或捕鱼的网，亦指用罨捕取。
⑤ 罾（xuǎn）：一种渔网。
⑥ 罣（guà）：同“挂”。
⑦ 圉圉（yǔ）：困而未舒貌。被缠缚而不得舒展的样子。
⑧ 噞噞（yǎn）：鱼在水面张口呼吸貌。

牲飨神，以毛血洒石上为恭敬，血渍毛毵[①]，几不见石。大父舁入署，亲自祓濯[②]，呼为“石丈”，有《松花石纪》。今弃阶下，戴花缸，不称使。余嫌其轮囷臃肿，失松理，不若董文简家茁错二松橛，节理槎丫[③]，皮断犹附，视此更胜。大父石上磨崖铭之曰：“尔昔鬣[④]而鼓兮，松也；尔今脱而骨兮，石也；尔形可使代兮，贞勿易也；尔视余笑兮，莫余逆也。”其见宝如此。

## 闰中秋

崇祯七年闰中秋，仿虎丘故事，会各友于蕺山亭。每友携斗酒、五簋[⑤]、十蔬果、红毡一床，席地鳞次坐。缘山七十余床，衰童塌妓[⑥]，无席无之。在席七百余人，能歌者百余人，同声唱“澄湖万顷”，声如潮涌，山为雷动。诸酒徒轰饮，酒行如泉。

夜深客饥，借戒珠寺斋僧大锅煮饭饭客，长年以大桶担饭不继。命小傒岕竹、楚烟于山亭演剧十余出，妙入情

① 毵（sān）：形容毛发、枝条等细长的样子。

② 祓濯（fú zhuó）：除垢清洁，清除污秽。

③ 槎丫（chá yā）：亦作“槎牙”“槎枒”。树木枝杈歧出貌。

④ 鬣（liè）：动物颈上的长毛。

⑤ 簋（guǐ）：古代盛食物器具，圆口，双耳。

⑥ 衰童塌妓：弱质儿童，低等妓女。

理，拥观者千人，无蚊虻声，四鼓方散。月光泼地如水，人在月中，濯濯如新出浴。夜半，白云冉冉起脚下，前山俱失，香炉、鹅鼻、天柱诸峰，仅露髻尖而已，米家山[①]雪景仿佛见之。

## 愚公谷

无锡去县北五里为铭山。进桥，店在左岸。店精雅，卖泉酒水坛、花缸、宜兴罐、风炉、盆盎、泥人等货。愚公谷在惠山右，屋半倾圮，惟存木石。惠水涓涓，由井之涧，由涧之溪，由溪之池、之厨、之湢[②]，以涤、以濯、以灌园、以沐浴、以净溺器，无不惠山泉者，故居园者福德与罪孽正等。

愚公先生交游遍天下，名公巨卿多就之，歌儿舞女、绮席华筵、诗文字画，无不虚往实归。名士清客至则留，留则款，款则饯，饯则赆[③]。以故愚公之用钱如水，天下人至今称之不少衰。

---

① 米家山：宋代米芾、米友仁父子善画山水，他们的画作被称为“米家山水”或“米家山”。

② 湢（bì）：浴室。

③ 赆（jìn）：临别时赠送给远行人的路费、礼物。

愚公文人，其园亭实有思致文理者为之，磥石为垣，编柴为户，堂不层不庑[①]，树不配不行。堂之南，高槐古朴，树皆合抱，茂叶繁柯，阴森满院。藕花一塘，隔岸数石，治而卧。土墙生苔，如山脚到涧边，不记在人间。园东逼墙一台，外瞰寺，老柳卧墙角而不让台，台遂不尽瞰，与他园花树故故为亭、台意特特为园者不同。

## 定海[②]水操

定海演武场在招宝山[③]海岸。水操用大战船、唬船[④]、蒙冲[⑤]、斗舰[⑥]数千余艘，杂以鱼艓轻艖[⑦]，来往如织。舳舻[⑧]相隔，呼吸难通，以表语目，以鼓语耳，截击要遮[⑨]，尺寸不爽。健儿瞭望，猿蹲桅斗，哨见敌船，从斗上掷身腾空溺水，破浪冲涛，顷刻到岸，走报中军，又趵跃入水，轻如鱼凫。

---

① 庑（wǔ）：正房对面和两侧的小屋子，此指廓屋。

② 定海：今浙江定海。

③ 招宝山：在今浙江镇海东北，又名侯涛山、鳌柱山。明朝海防重地。

④ 唬船：明代一种小型战船。

⑤ 蒙冲：即艨艟，古代一种战船。用牛皮蒙在船上，两边有孔可射箭。

⑥ 斗舰：一种大型战船。

⑦ 鱼艓轻艖：轻便小船。

⑧ 舳舻（zhú lú）：船头和船尾的合称。

⑨ 要遮：拦截，拦阻。

水操尤奇在夜战，旌旗干橹皆挂一小镫[①]，青布幕之，画角[②]一声，万蜡齐举，水光映射，影又倍之。招宝山凭槛俯视，如烹斗煮星，釜汤正沸。火炮轰裂，如风雨晦冥中电光翕焱[③]，使人不敢正视；又如雷斧断崖石，下坠不测之渊，观者褫魄[④]。

## 阿育王寺舍利

阿育王寺，梵宇[⑤]深静，阶前老松八九颗，森罗有古色。殿隔山门远，烟光树樾，摄入山门，望空视明，冰凉晶沁。右旋至方丈门外，有娑罗二株，高插霄汉。便殿供旃檀佛[⑥]，中储一铜塔，铜色甚古，万历间慈圣皇太后[⑦]所赐，藏舍利子塔也。舍利子常放光，琉璃五彩，百道迸裂，出塔缝中，岁三四见。凡人瞻礼舍利，随人因缘现诸色相。如墨墨无所见者，是人必死。昔湛和尚[⑧]至寺，亦

---

① 镫：古代照明器具，此处指灯。

② 画角：古代乐器名，以竹木或皮革制成，外加彩绘，故称“画角”。古代军中常用来警报昏晓，声音高亢动人，振奋士气。

③ 翕焱（xī yàn）：闪耀貌。

④ 褫魄（chǐ pò）：夺去魂魄。

⑤ 梵宇：佛寺。

⑥ 旃檀佛：旃檀功德佛。

⑦ 慈圣皇太后：明神宗朱翊钧生母李氏。

⑧ 湛和尚：明绍兴名僧圆澄，字湛然，俗姓夏。

不见舍利，而是年死。屡有验。

次蚤，日光初曙，僧导余礼佛，开铜塔，一紫檀佛龛供一小塔，如笔筒，六角，非木非楮，非皮非漆，上下皴定，四围镂刻花楞梵字。舍利子悬塔顶，下垂摇摇不定，人透眼光入楞内，复视眼上视舍利，辨其形状。余初见三珠连络如牟尼串，煜煜有光。余复下顶礼，求见形相，再视之，见一白衣观音小像，眉目分明，鬋鬘[①]皆见。秦一生反复视之，讫无所见，一生遑遽，面发赤，出涕而去。一生果以是年八月死，奇验若此。

## 过剑门

南曲[②]中，妓以串戏为韵事，性命以之。杨元、杨能、顾眉生、李十、董白以戏名，属姚简叔期余观剧。傒僮下午唱《西楼》，夜则自串。傒僮为兴化大班[③]，余旧伶马小卿、陆子云在焉，加意唱七出，戏至更定，曲中大咤异。

杨元走鬼房问小卿曰："今日戏，气色大异，何也？"

---

① 鬋鬘（jiǎn mán）：鬓毛，额发。

② 南曲：南方青楼妓院。

③ 兴化大班：指昆曲戏班子。兴化是淮剧的主要发源地和流行地区。明代兴化有昆曲联社。

小卿曰："坐上坐者余主人。主人精赏鉴，延师课戏，童手指千[①]，傒僮到其家谓'过剑门'[②]，焉敢草草！"杨元始来物色余。《西楼》不及完，串《教子》。顾眉生：周羽；杨元：周娘子；杨能：周瑞隆。杨元胆怯肤栗，不能出声，眼眼相觑，渠欲讨好不能，余欲献媚不得，持久之，伺便喝采一二，杨元始放胆，戏亦遂发。嗣[③]后曲中戏，必以余为导师，余不至，虽夜分不开台也。以余而长声价，以余长声价之人，而后长余声价者，多有之。

## 冰山记

魏珰[④]败，好事者作传奇十数本，多失实，余为删改之，仍名《冰山》[⑤]。城隍庙扬台，观者数万人，台址鳞比，挤至大门外。一人上，白曰："某杨涟[⑥]。"口口谇譹曰："杨涟！杨涟！"声达外，如潮涌，人人皆如之。杖万

---

① 童手指千：形容人很多。

② 过剑门：剑门在今四川剑阁东北，有剑门关。自古有"一夫当关，万夫莫开"之说。比喻考评严格，难以通过。

③ 嗣（sì）：接续，继承。

④ 魏珰：魏忠贤。

⑤ 《冰山》：《冰山记》，陈开泰作。张岱据此改编。

⑥ 杨涟：字文孺，号大洪，明末著名谏臣，"东林六君子"之一。天启五年（1625），因弹劾魏忠贤二十四大罪，被诬陷受贿，历经拷打，惨死狱中。崇祯元年（1628），杨涟获平反，追赠太子太保、兵部尚书，谥号"忠烈"。

元白[1]，逼死裕妃，怒气忿涌，噤断嚄唶[2]。至颜佩伟[3]击杀缇骑[4]，嘄[5]呼跳蹴，汹汹崩屋。沈青霞[6]缚稾人射相嵩，以为笑乐，不是过也。

是秋，携之至兖，为大人寿。一日，宴守道刘半舫[7]，半舫曰："此剧已十得八九，惜不及内操菊宴、及逼灵犀[8]与囊收数事耳。"余闻之，是夜席散，余填词，督小傒强记之。次日，至道署搬演，已增入七出，如半舫言。半舫大骇异，知余所构，遂诣大人，与余定交。

---

① 元白：万燝，字元白，因弹劾魏忠贤被乱棍打死。

② 嚄唶（huò zè）：大声呼叫。

③ 颜佩伟：明朝商人子弟。天启六年（1626）三月，阉党爪牙在苏州逮捕周顺昌，颜佩韦等人出于义愤，发动民众奋起反抗，引起暴动，打死两名东厂特务。事后，阉党人士大范围搜捕暴动市民，颜佩韦等五人为了保护群众，挺身投案，英勇就义。

④ 缇骑（tí qí）：锦衣卫下属人员。也指贵官的随从卫队。

⑤ 嘄（jiào）：叫喊。

⑥ 沈青霞：沈炼，号青霞，因得罪权相严嵩被贬，他便"缚草为人，象李林甫、秦桧及嵩，醉则聚子弟攒射之"。

⑦ 刘半舫：刘荣嗣，字敬仲，号简斋，别号半舫。著名水利专家、诗人、书画家。

⑧ 灵犀：萧灵犀，崔呈秀宠妾。崔呈秀，明末阉党"五虎"之首。崔呈秀自缢后，萧灵犀自刎。

# 卷 八

# 龙山放灯

万历辛丑年，父叔辈张灯龙山，剡[①]木为架者百，涂以丹雘[②]，帨[③]以文锦，架一，灯三之。灯不专在架，亦不专在磴道[④]，沿山袭谷，枝头树杪无不灯者，自城隍庙门至蓬莱冈上下，亦无不灯者。山下望如星河倒注，浴浴熊熊，又如隋炀帝夜游[⑤]，倾数斛萤火于山谷间，团结方开，倚草附木，迷迷不去者。

好事者卖酒，缘山席地坐。山无不灯，灯无不席，席无不人，人无不歌唱鼓吹。男女看灯者，一入庙门，头不得顾，踵不得旋，只可随势潮上潮下，不知去落何所，有听之而已。庙门悬禁条：禁车马，禁烟火，禁喧哗，禁豪家奴，不得行辟人[⑥]。父叔辈台于大松树下，亦席，亦声歌，每夜鼓吹笙簧与宴歌弦管，沉沉昧旦。十六夜，张分守[⑦]宴织造太监于山巅星宿阁，傍晚至山下，见禁条，太

---

① 剡（yǎn）：削，刮。

② 丹雘（huò）：可供涂饰的红色颜料。

③ 帨（shuì）：蒙，覆盖。

④ 磴（dèng）道：登山的石径。

⑤ 隋炀帝夜游：隋炀帝好夜游，据《隋书》记载，隋炀帝曾征求萤火虫，得数斛，夜出游山，放之，光遍岩谷。

⑥ 行辟人：让百姓回避。

⑦ 分守：明时按察使、按察分司，又称监司，亦可称分守。

监忙出舆笑曰：“遵他，遵他，自咱们遵他起！”却随役，用二丱角[①]扶掖上山。夜半，星宿阁火，罢宴亦遂罢灯。

凡四夜，山上下糟丘肉林，日扫果核蔗滓及鱼肉骨、蠡蜕，堆砌成高阜，拾妇女鞋挂树上，如秋叶。相传十五夜，灯残人静，当垆者政收盘核，有美妇六七人买酒，酒尽，有未开瓮者。买大罍一，可四斗许，出袖中蓏果，顷刻罄罍[②]而去。疑是女人星[③]，或曰酒星[④]。又一事：有无赖子于城隍庙左借空楼数楹，以姣童实之，为“帘子胡同”。是夜，有美少年来狎某童，剪烛殢[⑤]酒，媟亵[⑥]非理，解襦，乃女子也，未曙即去，不知其地、其人，或是妖狐所化。

## 王月生

南京朱市妓[⑦]，曲中羞与为伍；王月生出朱市，曲中

---

① 丱（guàn）角：头发束成两角形。旧时多为儿童或少年人的发式。这里借指小童。

② 罍（léi）：古代一种盛酒的容器。小口，广肩，深腹，圈足，有盖，多用青铜或陶制成。

③ 女人星：二十八宿之一。女宿有星官八名。

④ 酒星：古星名。又称酒旗星，在轩辕十七星的东南方。

⑤ 殢（tì）：沉溺于。

⑥ 媟亵（xiè xiè）：轻薄，猥亵。

⑦ 南京朱市妓：南京妓家有“朱市”和“曲院”之分，朱市妓身份较低，曲院妓身份高。

上下三十年，决无其比也。面色如建兰初开，楚楚文弱，纤趾一牙，如出水红菱。矜贵寡言笑，女兄弟闲客多方狡狯[①]，嘲弄哈[②]侮，不能勾其一粲。善楷书，画兰、竹、水仙；亦解吴歌，不易出口。南京勋戚大老力致之，亦不能竟一席。富商权胥得其主席半晌，先一日送书帕，非十金则五金，不敢亵订。与合卺，非下聘一二月前，则终岁不得也。

好茶，善闵老子，虽大风雨、大宴会，必至老子家啜茶数壶始去。所交有当意者，亦期与老子家会。一日，老子邻居有大贾，集曲中妓十数人，群谇嘻笑，环坐纵饮。月生立露台上，倚徙栏楯，眂娗[③]羞涩，群婢见之皆气夺，徙他室避之。

月生寒淡如孤梅冷月，含冰傲霜，不喜与俗子交接；或时对面同坐起，若无睹者。有公子狎之，同寝食者半月，不得其一言。一日口嗫嚅动，闲客惊喜，走报公子曰："月生开言矣！"哄然以为祥瑞，急走伺之，面赪，寻又止。公子力请再三，蹇涩出二字曰："家去。"

---

① 狡狯（jiǎo kuài）：戏言，开玩笑。

② 哈（hāi）：笑。

③ 眂娗（tǐng）：腼腆害羞。

## 张东谷好酒

余家自太仆公称豪饮，后竟失传，余父余叔不能饮一蠡[①]壳，食糟茄[②]，面即发赪，家常宴会，但留心烹饪，庖厨之精，遂甲江左。一簋进，兄弟争啖之立尽，饱即自去，终席未尝举杯。有客在，不待客辞，亦即自去。

山人张东谷，酒徒也，每悒悒不自得。一日起谓家君曰："尔兄弟奇矣！肉只是吃，不管好吃不好吃；酒只是不吃，不知会吃不会吃。"二语颇韵，有晋人风味。而近有伧父[③]载之《舌华录》，曰："张氏兄弟赋性奇哉！肉不论美恶，只是吃；酒不论美恶，只是不吃。"字字板实，一去千里，世上真不少点金成铁手也。

东谷善滑稽，贫无立锥。与恶少讼，指东谷为万金豪富，东谷忙忙走诉大父曰："绍兴人可恶，对半说谎，便说我是万金豪富！"大父常举以为笑。

---

① 蠡（lí）：贝壳做的瓢。

② 糟茄：一道菜品，制作原料有茄子、盐、红糟等。

③ 伧（cāng）父：南北朝时，南人讥北人粗鄙，蔑称之为"伧父"。指粗陋、见识浅薄的人。

## 楼船

家大人造楼，船之；造船，楼之。故里中人谓船楼，谓楼船，颠倒之不置。是日落成，为七月十五，自大父以下，男女老稚，靡不集焉。以木排数重搭台演戏，城中村落来观者，大小千余艘。午后飓风起，巨浪磅礴，大雨如注，楼船孤危，风逼之几覆，以木排为戙[①]，索缆数千条，网网如织，风不能撼。少顷风定，完剧而散。越中舟如蠡壳，跼蹐篷底看山，如矮人观场，仅见鞋靸而已，升高视明，颇为山水吐气。

## 阮圆海[②]戏

阮圆海家优，讲关目，讲情理，讲筋节，与他班孟浪不同。然其所打院本，又皆主人自制，笔笔勾勒，苦心尽出，与他班卤莽者又不同。故所搬演，本本出色，脚脚出

---

① 戙（dòng）：木船上系缆绳的木桩。

② 阮圆海：阮大铖，字集之，号圆海、石巢、百子山樵，怀宁（今安徽怀宁）人。明末大臣、戏曲作家。阮大铖以进士居官后，先依东林党，后依魏忠贤，崇祯朝以附逆罪去职。明亡后在福王朱由崧的南明朝廷中官至兵部尚书、右副都御史、东阁大学士，对东林、复社人员大加报复，南京城陷后降清，后病死于随清军攻打仙霞关的途中。

色，出出出色，句句出色，字字出色。余在其家看《十错认》《摩尼珠》《燕子笺》三剧，其串架斗笋、插科打诨、意色眼目，主人细细与之讲明。知其义味，知其指归，故咬嚼吞吐，寻味不尽。

至于《十错认》之龙灯、之紫姑，《摩尼珠》之走解、之猴戏，《燕子笺》之飞燕、之舞象、之波斯进宝，纸札装束，无不尽情刻画，故其出色也愈甚。阮圆海大有才华，恨居心勿静，其所编诸剧，骂世十七，解嘲十三，多诋毁东林，辩宥魏党，为士君子所唾弃，故其传奇不之著焉。如就戏论，则亦镞镞能新，不落窠臼者也。

## 巘花阁

巘花阁在筠芝亭松峡下，层崖古木，高出林皋，秋有红叶。坡下支壑回涡，石蹋棱棱，与水相距。阁不槛、不牖，地不楼、不台，意政不尽也。五雪叔归自广陵，一肚皮园亭，于此小试。台之、亭之、廊之、栈道之，照面楼之侧，又堂之、阁之、梅花缠折旋之，未免伤板、伤实、伤排挤，意反跼蹐，若石窟书砚。隔水看山、看阁、看石麓、看松峡上松，庐山面目反于山外得之。五雪叔属余作对，余曰："身在襄阳袖石里，家来辋口扇图中。"言其小处。

## 范与兰

范与兰七十有三，好琴，喜种兰及盆池小景。建兰三十余缸，大如簸箕。早舁而入，夜舁而出者，夏也；早舁而出，夜舁而入者，冬也。长年辛苦，不减农事。花时，香出里外，客至坐一时，香袭衣裾，三五日不散。

余至花期至其家，坐卧不去，香气酷烈，逆鼻不敢嗅，第开口吞噶之，如流瀣焉。花谢，粪之满箕，余不忍弃，与与兰谋曰："有面可煎，有蜜可浸，有火可焙，奈何不食之也?"与兰首肯余言。

与兰少年学琴于王明泉，能弹《汉宫秋》《山居吟》《水龙吟》三曲。后见王本吾琴，大称善，尽弃所学而学焉。半年学《石上流泉》一曲，生涩犹棘手。王本吾去，旋亦忘之，旧所学又锐意去之，不复能记忆，究竟终无一字，终日抚琴，但和弦而已。

所畜小景，有豆板黄杨，枝干苍古奇妙，盆石称之。朱樵风以二十金售之，不肯易，与兰珍爱，"小妾"呼之。余强借斋头三月，枯其垂一干，余懊惜，急舁归与兰。与兰惊惶无措，煮参汁浇灌，日夜摩之不置，一月后枯干复活。

## 蟹 会

食品不加盐醋而五味全者，为蚶[①]、为河蟹。河蟹至十月与稻粱俱肥，壳如盘大，坟起，而紫螯[②]巨如拳，小脚肉出，油油如螾蜑。掀其壳，膏腻堆积，如玉脂珀屑，团结不散，甘腴虽八珍不及。

一到十月，余与友人兄弟辈立蟹会，期于午后至，煮蟹食之，人六只，恐冷腥，迭番煮之。从以肥腊鸭、牛乳酪。醉蚶如琥珀，以鸭汁煮白菜如玉版[③]。果瓜以谢橘、以风栗、以风菱。饮以玉壶冰[④]，蔬以兵坑笋，饭以新余杭白，漱以兰雪茶。由今思之，真如天厨仙供，酒醉饭饱，惭愧惭愧。

## 露 兄

崇祯癸酉，有好事者开茶馆，泉实玉带，茶实兰雪，

---

① 蚶（hān）：软体动物，壳厚而坚实，生活在浅海泥沙中。肉可食，味鲜美。通称“蚶子”。

② 螯（áo）：螃蟹等节肢动物变形的第一对脚，形状像钳子。

③ 玉版：笋的别名。

④ 玉壶冰：酒名。

汤以旋煮，无老汤，器以时涤，无秽器，其火候、汤候，亦时有天合之者。余喜之，名其馆曰“露兄”，取米颠[①]“茶甘露有兄”句也。为之作《斗茶檄》，曰：“水淫[②]茶癖[③]，爰有古风；瑞草雪芽，素称越绝。特以烹煮非法，向来葛灶[④]生尘；更兼赏鉴无人，致使羽《经》积蠹。迩者择有胜地，复举汤盟，水符[⑤]递自玉泉，茗战争来兰雪。瓜子炒豆，何须瑞草桥边；橘柚楂梨，出自仲山圃内。八功德水，无过甘滑香洁清凉；七家常事，不管柴米油盐酱醋。一日何可少此，子猷竹庶可齐名；七碗吃不得了，卢仝茶不算知味。一壶挥麈[⑥]，用畅清谈；半榻焚香，共期白醉。”

## 闰元宵

崇祯庚辰闰正月，与越中父老约重张五夜灯。余作张

① 米颠：即北宋书画家米芾，因其拜石为兄，行为颇为疯癫，被人称作“米颠”。

② 水淫：指有洁癖，过分喜好洗涤的人。

③ 茶癖：嗜茶成癖者。

④ 葛灶：葛洪的炼丹炉。此处指炉灶。

⑤ 水符：取水用的信物。苏轼出任凤翔府判官时，喜饮仙游寺玉女洞的水，因为家仆偷懒，只到半路打水回来，所以，苏轼曾破竹为契，一半交给寺庙的老和尚，一半自己留着，作为往来调水的信符。

⑥ 挥麈（zhǔ）：麈，古书上指鹿一类的动物，其尾可做拂尘。晋人清谈时，常挥动麈尾以助谈。后因称谈论为挥麈。

灯致语曰："两逢元正，岁成闰于摄提[①]之辰；再值孟陬[②]，天假人以闲暇之月。《春秋传》详记二百四十二年事，春王[③]正月，孔子未得重书；开封府更放十七、十八两夜灯，乾德五年，宋祖犹烦钦赐。

"兹闰正月者，三生奇遇，何幸今日而当场；百岁难逢，须效古人而秉烛。况吾大越，蓬莱福地，宛委[④]洞天。大江以东，民皆安堵[⑤]；遵海[⑥]而北，水不扬波。含哺[⑦]嬉兮，共乐太平之世界；重译[⑧]至者，皆言中国有圣人。千百国来朝，白雉[⑨]之陈无算；十三年于兹，黄耇[⑩]之说有征[⑪]。乐圣[⑫]衔杯，宜纵饮屠苏之酒[⑬]；较书[⑭]分火[⑮]，应暂

---

① 摄提：中国古星官名，司职定四季，列于大角星两侧，皆位于牧夫座。同时，摄提也是岁星的别称。

② 孟陬（zōu）：正月。

③ 春王：指正月。

④ 宛委：即宛委山。传说禹登宛委山得金简玉字之书，因以借喻书文之珍贵难得。

⑤ 安堵：犹安居。

⑥ 遵海：沿着海岸。

⑦ 含哺：口含食物。形容人民生活安乐。

⑧ 重译：指南方荒远之地。

⑨ 白雉：白色羽毛的野鸡。古时以为瑞鸟。

⑩ 黄耇（gǒu）：指年老的人。

⑪ 有征：有依据。

⑫ 乐圣：指爱好喝酒。

⑬ 屠苏之酒：亦作"屠酥"。药酒名。

⑭ 较书：即校书。这里指读书。

⑮ 分火：指祭祀先祖。

辍太乙之藜[1]。前此元宵，竟因雪妒，天亦知点缀丰年；后来灯夕，欲与月期，人不可蹉跎胜事。六鳌[2]山立，只说飞来东武，使鸡犬不惊；百兽室悬[3]，毋曰下守海澨[4]，唯鱼鳖是见。

“笙箫聒地，竹椽出自柯亭[5]；花草盈街，禊帖[6]携来兰渚。士女潮涌，撼动蠡城[7]；车马雷殷[8]，唤醒龙屿。况时逢丰穰，呼庚呼癸[9]，一岁自兆重登；且科际辰年，为龙为光[10]，两榜必征双首。莫轻此五夜之乐，眼望何时？试问那百年之人，躬逢几次？敢祈同志，勿负良宵。敬借赫蹄[11]，喧传口号。”

## 合采牌

余作文武牌，以纸易骨，便于角斗，而燕客复刻一

---

① 太乙之藜：比喻勤奋向学。
② 六鳌：指传说中背负仙山的六只巨龟。
③ 室悬：悬挂在室内。
④ 海澨：海滨。
⑤ 柯亭：古地名。又名高迁亭，在今浙江省绍兴市西南，以产良竹著名。
⑥ 禊贴：指《兰亭序》。
⑦ 蠡城：指春秋越国都城。因范蠡而得名。故址在今浙江绍兴。
⑧ 雷殷：隐隐的雷声。
⑨ 呼庚呼癸：指乞求粮食。
⑩ 为龙为光：指帝王赐予恩惠和光荣。
⑪ 赫蹄：纸的别称。

牌，集天下之斗虎、斗鹰、斗豹者，而多其色目、多其采，曰“合采牌”。余为之作叙曰：“太史公曰：‘凡编户之民，富相什则卑下之，伯则畏惮之，千则役，万则仆，物之理也。’古人以钱之名不雅驯，缙绅先生难道之，故易其名曰赋、曰禄、曰饷，天子千里外曰采。

“采者，采其美物以为贡，犹赋也。诸侯在天子之县内曰采，有地以处其子孙亦曰采，名不一，其实皆谷也，饭食之谓也。周封建多采则胜，秦无采则亡。采在下无以合之，则齐桓、晋文起矣。列国有采而分析之，则主父偃之谋也。由是而亮采服采[①]，好官不过多得采耳。充类至义之尽[②]，窃亦采也，盗亦采也，鹰虎豹由此其选也。然则奚为而不禁？曰：小役大，弱役强，斯二者天也。《皋陶谟》曰：‘载采采’[③]，微哉、之哉、庶哉！”

## 瑞草溪亭

瑞草溪亭为龙山支麓，高与屋等。燕客相其下有奇石，

---

① 亮采服采：亮采，辅佐政事之臣。服采，负责朝祭的近臣。

② 充类至义之尽：意思是推究同类事物的道理。

③ 载采采：意思是说，人若有好的德行，必须举出很多事例作为依据。

身执虆[①]臿[②]，为匠石先，发掘之。见土畚土，见石甃[③]石，去三丈许，始与基平，乃就其上建屋。屋今日成，明日拆，后日又成，再后日又拆，凡十七变而溪亭始出。盖此地无溪也，而溪之，溪之不足，又潴[④]之、壑之，一日鸠[⑤]工数千指，索性池之，索性阔一亩，索性深八尺。无水，挑水贮之，中留一石如案，回潴浮峦，颇亦有致。燕客以山石新开，意不苍古，乃用马粪涂之，使长苔藓，苔藓不得即出，又呼画工以石青、石绿皴[⑥]之。

一日左右视，谓此石案焉可无天目松数颗盘郁其上，遂以重价购天目松五六颗，凿石种之。石不受锸，石崩裂，不石不树，亦不复案。燕客怒，连夜凿成砚山形，缺一角，又畚一岩石补之。燕客性卞急[⑦]，种树不得大，移大树种之，移种而死，又寻大树补之。种不死不已，死亦种不已，以故树不得不死，然亦不得即死。

溪亭比旧址低四丈，运土至东多成高山，一亩之室，沧桑忽变。见其一室成，必多坐看之，至隔宿或即无有

---

① 虆（léi）：土筐。
② 臿（chā）：指铁锹。
③ 甃（zhòu）：砌，垒。
④ 潴（zhū）：水积聚的地方。此处指挖成水坑。
⑤ 鸠：聚集。
⑥ 皴（cūn）：中国画技法之一，涂出物体纹理或阴阳向背。此处指涂染。
⑦ 卞急：急躁。

矣。故溪亭虽渺小，所费至巨万焉。燕客看小说：“姚崇梦游地狱，至一大厂，炉鞴[①]千副，恶鬼数千，铸泻甚急，问之，曰：‘为燕国公铸横财。’后至一处，炉灶冷落，疲鬼一二人鼓橐[②]，奄奄无力，崇问之，曰：‘此相公财库也。’崇寤而叹曰：‘燕公豪奢，殆天纵也。’”燕客喜其事，遂号“燕客”。二叔业四五万，燕客缘手立尽。

甲申，二叔客死淮安，燕客奔丧，所积薪俸及玩好币帛之类又二万许，燕客携归，甫三月又辄尽，时人比之鱼弘四尽[③]焉。溪亭住宅，一头造，一头改，一头卖，翻山倒水无虚日。有夏耳金者，制灯剪彩为花，亦无虚日。人称耳金为“败落隋炀帝”，称燕客为“穷极秦始皇”，可发一粲[④]。

## 瑯嬛[⑤]福地

陶庵梦有夙因，常梦至一石厂，峭窅岩覆[⑥]，前有急湍回溪，水落如雪，松石奇古，杂以名花。梦坐其中，童

---

① 炉鞴（bèi）：火炉鼓风的皮囊。亦借指熔炉。

② 鼓橐（gǔ tuó）：鼓动风箱。

③ 鱼弘四尽：鱼弘是南朝梁官员，为官横征暴敛，曾对人说自己管理郡县，要做到：水中鱼鳖尽，山中獐鹿尽，田中米谷尽，村里民庶尽。

④ 粲（càn）：笑。

⑤ 琅嬛（láng huán）：传说中的仙境名。

⑥ 峭窅岩覆（fù）：岩穴幽深，山势险峻。

子进茗果，积书满架，开卷视之，多蝌蚪、鸟迹、辟历篆文，梦中读之，似能通其棘涩。闲居无事，夜辄梦之，醒后伫思，欲得一胜地，仿佛为之。

郊外有一小山，石骨棱砺，上多筠篁[①]，偃伏园内。余欲造厂，堂东西向，前后轩之，后垒一石坪，植黄山松数颗，奇石峡之。堂前树娑罗二，资其清樾。左附虚室，坐对山麓，磴磴齿齿，划裂如试剑，扁曰“一丘”。右踞厂阁三间，前临大沼，秋水明瑟，深柳读书，扁曰“一壑”。

缘山以北，精舍小房，绌屈蜿蜒，有古木，有层崖，有小涧，有幽篁，节节有致。山尽有佳穴，造生圹[②]，俟陶庵蜕焉，碑曰“呜呼有明陶庵张长公之圹”。圹左有空地亩许，架一草庵，供佛，供陶庵像，迎僧住之奉香火。

大沼阔十亩许，沼外小河三四折，可纳舟入沼。河两崖皆高阜，可植果木，以橘、以梅、以梨、以枣，枸菊围之。山顶可亭。山之西鄙，有腴田二十亩，可秫[③]可粳。门临大河，小楼翼之，可看炉峰、敬亭诸山。楼下门之，扁曰“嫏嬛福地”。缘河北走，有石桥极古朴，上有灌木，可坐、可风、可月。

---

① 筠篁：丛竹。

② 生圹（kuàng）：指生前预造的坟墓。

③ 秫（shú）：高粱。

**图书在版编目(CIP)数据**

陶庵梦忆/(明)张岱著;李颖注译. —长沙:岳麓书社,2020.1
(2021.4 重印)

(小品雅集)

ISBN 978-7-5538-1098-0

Ⅰ.①陶… Ⅱ.①张…②李… Ⅲ.①笔记—中国—明代
Ⅳ.①K248.066

中国版本图书馆 CIP 数据核字(2019)第 066674 号

TAO AN MENG YI

**陶庵梦忆**

作　　者:〔明〕张岱

注　　译:李　颖

责任编辑:李郑龙

责任校对:舒　舍

封面设计:贺红梅

岳麓书社出版发行

地址:湖南省长沙市爱民路 47 号

直销电话:0731-88804152　0731-88885616

版次:2020 年 1 月第 1 版

印次:2021 年 4 月第 2 次印刷

开本:889mm×1194mm　1/32

印张:10.125

字数:205 千字

ISBN 978-7-5538-1098-0

定价:38.00 元

承印:湖南省众鑫印务有限公司

如有印装质量问题,请与本社印务部联系

电话:0731-88884129